Kauderwelsch
Band 81

Impressum

John Nolan
Slowakisch — Wort für Wort
erschienen im
REISE KNOW-HOW Verlag Peter Rump GmbH
Osnabrücker Str. 79, D-33649 Bielefeld
info@reise-know-how.de

5. Auflage 2004

Bearbeitung & Layout Claudia Schmidt
Layout-Konzept Günter Pawlak, FaktorZwo! Bielefeld
Umschlag Peter Rump
Kartographie Thomas Buri
Fotos John Nolan
Druck und Bindung Fuldaer Verlagsagentur, Fulda

ISBN 3-89416-272-4
Printed in Germany

Dieses Buch ist erhältlich in jeder Buchhandlung der BRD, Österreichs, der Schweiz und der Benelux. Bitte informieren Sie Ihren Buchhändler über folgende Bezugsadressen:
BRD Prolit GmbH, Postfach 9, 35461 Fernwald (Annerod) sowie alle Barsortimente
Schweiz AVA-buch 2000, Postfach 27, CH-8910 Affoltern
Österreich Mohr Morawa Buchvertrieb GmbH Sulzengasse 2, A-1230 Wien
Belgien & Niederlande Willems Adventure, Postbus 403 NL-3140 AK Maassluis
direkt Wer im Buchhandel kein Glück hat, bekommt unsere Bücher zuzüglich Porto- und Verpackungskosten auch direkt beim **Rump Direktversand**, Heidekampstraße 18, D-49809 Lingen oder über unseren Internet-Shop: **www.reise-know-how.de**
Zu diesem Buch ist ein **Tonträger** erhältlich, ebenfalls in jeder Buchhandlung der BRD, Österreichs, der Schweiz und der Beneluxländer.
Der Verlag möchte die **Reihe Kauderwelsch** weiter ausbauen und **sucht Autoren**! Mehr Informationen finden Sie auf unserer Internetseite **www.reise-know-how.de/ buecher/special/schreiblust-inhalt.html**

Kauderwelsch

John Nolan

Slowakisch

Wort für Wort

REISE KNOW-HOW
im Internet
www.reise-know-how.de
info@reise-know-how.de

Aktuelle Reisetipps und Neuigkeiten, Ergänzungen nach Redaktionsschluss, Büchershop und Sonderangebote rund ums Reisen

Kauderwelsch-Sprechführer sind anders!

Warum? Weil sie Sie in die Lage versetzen, wirklich zu sprechen und die Leute zu verstehen.

Wie wird das gemacht? Abgesehen von dem, was jedes Sprachbuch bietet, nämlich Vokabeln, Beispielsätze etc., zeichnen sich die Bände der Kauderwelsch-Reihe durch folgende Besonderheiten aus:

Die **Grammatik** wird in einfacher Sprache so weit erklärt, dass es möglich wird, ohne viel Paukerei mit dem Sprechen zu beginnen, wenn auch nicht gerade druckreif.

Alle Beispielsätze werden doppelt ins Deutsche übertragen: zum einen **Wort-für-Wort**, zum anderen in „ordentliches" Hochdeutsch. So wird das fremde Sprachsystem sehr gut durchschaubar. Denn in einer fremden Sprache unterscheiden sich z.B. Satzbau und Ausdrucksweise recht stark vom Deutschen. Ohne diese Übersetzungsart ist es so gut wie unmöglich, schnell einzelne Wörter in einem Satz auszutauschen.

Die **Autorinnen** und **Autoren** der Reihe sind Globetrotter, die die Sprache im Land selbst gelernt haben. Sie wissen daher genau, wie und was die Leute auf der Straße sprechen. Deren Ausdrucksweise ist nämlich häufig viel einfacher und direkter als z.B. die Sprache der Literatur oder des Fernsehens.

Besonders wichtig sind im Reiseland **Körpersprache, Gesten, Zeichen** und **Verhaltensregeln**, ohne die auch Sprachkundige kaum mit Menschen in guten Kontakt kommen. In allen Bänden der Kauderwelsch-Reihe wird darum besonders auf diese Art der nonverbalen Kommunikation eingegangen.

Kauderwelsch-Sprechführer sind keine Lehrbücher, aber viel mehr als Sprachführer! Wenn Sie ein wenig Zeit investieren und einige Vokabeln lernen, werden Sie mit ihrer Hilfe in kürzester Zeit schon Informationen bekommen und Erfahrungen machen, die „taubstummen" Reisenden verborgen bleiben.

Inhalt

Inhalt

Konversation

Anhang

Vorwort

Herzlich willkommen! wünsche ich allen, die vorhaben, die Slowakei kennen zu lernen oder eine Reise zumindest gedanklich planen. Vor der „Sanften Revolution" von 1989 und der Öffnung der Grenze war die Slowakei für europäische Urlauber ein relativ unbekanntes Land. Wer nun das Land ohne Reiseleiter kennen lernen möchte, echten Kontakt zu den Einheimischen sucht und zumindest einige Grundkenntnisse erlernen möchte, der ist mit dem vorliegenden Sprachführer „Slowakisch" gut beraten.

Ziel des vorliegenden Sprachführers ist es, die Grundzüge der Grammatik ohne viele Ausnahmen und Besonderheiten möglichst übersichtlich und einfach zu erklären. Der Konversationsteil bietet die wichtigsten Redewendungen und Vokabeln in alltäglichen (touristischen) Situationen, wie z. B. „Unterwegs sein mit öffentlichen Verkehrsmitteln", „Unterkunft", „Zu Gast sein", „Bank" und „Post" etc.

Oft genügen schon geringe Sprachkenntnisse, um die unsichtbare Schwelle zwischen Urlauber und Einheimischem zu überwinden. Sicher werden sich so auch Kontakte und Begegnungen ergeben, die man so leicht nicht wieder vergisst. Dabei wünsche ich Ihnen viel Spaß und Erfolg!

John Nolan

Hinweise zur Benutzung

Der Kauderwelsch-Band „Slowakisch" ist in drei wichtige Abschnitte gegliedert:

Wer noch mehr über die Grammatik des Slowakischen wissen möchte, findet im Anhang eine Bücherliste mit weiterführenden Lehrbüchern.

Die **Grammatik** beschränkt sich auf das Wesentliche und ist so einfach gehalten wie möglich. Deshalb sind auch nicht sämtliche Ausnahmen und Unregelmäßigkeiten der Sprache erklärt. Natürlich kann man die Grammatik auch überspringen und sofort mit dem Konversationsteil beginnen. Wenn dann Fragen auftauchen, kann man immer noch in der Grammatik nachsehen.

Im **Konversationsteil** finden Sie Sätze aus dem Alltagsgespräch, die Ihnen einen ersten Eindruck davon vermitteln sollen, wie die slowakische Sprache „funktioniert" und die Sie auf das vorbereiten sollen, was Sie später in der Slowakei hören werden.

Jede Sprache hat ein typisches Satzbaumuster. Um die sich vom Deutschen unterscheidende Wortfolge slowakischer Sätze zu verstehen, ist die **Wort-für-Wort-Übersetzung** in etwas kleinerer Schrift gedacht. Jedem slowakischen Wort entspricht ein Wort in der Wort-für-Wort-Übersetzung. Wird *ein* slowakisches Wort durch *zwei* deutsche Wörter übersetzt, werden diese mit Bindestrich verbunden:

Bei Verben ist meistens das persönliche Fürwort in Klammern ergänzt.

Mám dvadsaťtri.
(ich-)habe zwanzig-drei
Ich bin dreiundzwanzig.

Ako sa voláš?
wie sich (du-)nennst
Wie heißt du?

Da die „Fälle“ (Deklination) im Slowakischen ein unvermeidbares Thema sind, ist in der Wort-für-Wort-Übersetzung die „Nummer“ des jeweiligen Falls angegeben, in dem ein Wort gebeugt ist (z. B. „2“ für den 2. Fall):

Som z Nemecka / z Rakúska.
(ich-)bin aus Deutschland(2) / aus Österreich(2)
Ich bin aus Deutschland / aus Österreich.

Werden in einem Satz mehrere Wörter angegeben, die man untereinander austauschen kann, steht zwischen diesen ein Schrägstrich.

Manchmal müssen Frauen und Männer die weibliche bzw. männliche Form eines Haupt- und/oder eines Eigenschaftswortes benutzen oder man verwendet für eine Frau die weibliche, für einen Mann die männliche Variante.

Som unavený/unavená. *(ich-)bin müde(m/w)* Ich bin müde.

Si študent/študentka? *(du-)bist Student(m/w)* Bist du Student/in?

Benutzen Sie die Beispielsätze als Satzschablonen, die Sie selbst Ihren Bedürfnissen anpassen.

Mit einem kleinen bisschen Kreativität und Mut können Sie sich neue Sätze „zusammenbauen“, auch wenn das Ergebnis nicht immer grammatikalisch perfekt ausfällt.

Die **Wörterlisten** am Ende des Buches enthalten einen Grundwortschatz von je ca. 1000 Wörtern, mit denen man schon eine ganze Menge anfangen kann.

Die **Umschlagklappe** hält die wichtigsten Sätze und Formulierungen bereit. Die gewünschte Satzkonstruktion kann mit dem entsprechenden Vokabular aus den einzelnen Kapiteln kombiniert werden.

Seitenzahlen

Um Ihnen den Umgang mit den Zahlen zu erleichtern, wird auf jeder Seite die Seitenzahl auch auf Slowakisch angegeben!

Die slowakische Sprache

Um es gleich vorwegzunehmen: Slowakisch ist keine einfache Sprache. Es hat eine komplizierte Grammatik, und im Wortschatz wie auch in der Aussprache weicht es stark vom Deutschen ab.

Slowakisch gehört zur Gruppe der westslawischen Sprachen, ist also am engsten mit Tschechisch und Polnisch verwandt. Slowaken und Tschechen verstehen sich ohne Übersetzung. Im Fernsehen werden beide Sprachen durcheinander gesprochen, je nachdem, woher der Redner stammt. Unter den westslawischen Sprachen hat Slowakisch die meisten Ähnlichkeiten zu den ostslawischen Sprachen Russisch und Ukrainisch, und deswegen nennt man es das „Esperanto der slawischen Sprachen". Als Schriftsprache ist Slowakisch eine ziemlich junge Sprache – es wurde erst im 18. und 19. Jahrhundert kodifiziert (zuletzt von Ľudovít Štúr um 1843). Wegen der großen Ähnlichkeit zum Tschechischen behaupteten manche Gelehrten, dass Slowakisch ein Dialekt des Tschechischen sei. Es ist jedoch eine selbstständige Sprache von rund 4,8 Mio. Sprechern mit eigener Grammatik und Literatur.

Slowakisch

Aussprache & Betonung

Das slowakische Alphabet hat 34 Buchstaben. Im Prinzip sind dies die gleichen Buchstaben wie im Tschechischen. Ausnahmen: Die drei tschechischen Buchstaben ř, ě und ů gibt es nicht im Slowakischen, und die slowakischen Buchstaben ĺ, ä, ô gibt es nicht in der tschechischen Sprache:

a, ä, b, c, č, d, ď, e, f, g, h, ch, i, j, k, l, ĺ, m, n, ň, o, ô, p, r, s, š, t, ť, u, v, x, y, z, ž.

Das Slowakische wird in lateinischer Schrift mit diakritischen Zeichen geschrieben.

Mitlaute (Konsonanten)

c	stimmloses „ts", wie „tz" in „Scha**tz**", auch vor **k** wie „tz"	**moc** (Macht) **nemecky** (deutsch)
č	wie stimmloses „tsch" in „Ma**tsch**"	**prečo** (warum)
ď	wie „dj" in „Na**dj**a"	**snáď** (vielleicht)
h	ist kein Dehungszeichen, sondern immer deutlich hörbar, auch am Silbenende	**hora** (Berg) **roh** (Ecke)
ch	raues „ch" wie in „Ba**ch**"	**chcem** (ich will)
j	„j" wie in „**J**äger"	**ďakujem** (danke)
l	Aussprache wie im Deutschen; Besonderheit: **l** kann auch alleine in einer Silbe anstelle eines Selbstlautes stehen!	**žltý** (gelb)
ľ	wie „lj" in „a**llj**ährlich"	**tabuľa** (Tafel)
ň	wie „nj" in „A**nj**a"	**daň** (Steuer)
r	Zungenspitzen-r wie im Spanischen; **r** kann (wie auch **l**) alleine in einer Silbe anstelle eines Selbstlautes stehen.	**presne** (genau) **smrť** (Tod)
s	stimmloses „s" oder „ss" wie in „Ba**ss**"	**starý** (alt)
š	wie stimmloses „sch" in „**Sch**ule"	**škola** (Schule)

ť	wie „tj" in „Ka**tj**a"	**mať** (haben)
v	normalerweise wie „w" in „**W**ein"; vor stimmlosem Mitlaut wie „f"; nach einem Selbstlaut wie „u"; vor **š** wird **v** meist gar nicht gesprochen	**víno** (Wein) **vták** (Vogel) **rokov** (Jahre) **všetko** (alles)
z	stimmhaftes „s" wie in „**s**au**s**en"	**zem** (Erde)
dz	stimmloses „tsch" wie in „Ma**tsch**"	**medzi** (zwischen)
ž	stimmhaftes „sch" wie 2. „g" in „Gara**ge**"	**žena** (Frau)
dž	stimmhaftes „dsch" wie in „**Dsch**ungel"	**džús** (Saft)

Selbstlaute (Vokale)/Zwielaute (Diphtonge)

ä	wie „ä" im Deutschen	**mäso** (Fleisch)
e	offenes „e" wie in B**e**tt"	**zem** (Erde)
	offenes „o" wie in „M**o**tte"	**noc** (Nacht)
ô	etwa wie „uo"	**kôň** (Pferd)
y	immer wie „i" (niemals „ü"!)	**ty** (du)
ie	getrennt gesprochen wie in „Lin**ie**", **i** und **e** müssen beide hörbar sein	**viem** (ich weiß)
ia	getrennt gesprochen wie etwa in „Fil**ia**le"	**viac** (mehr)
iu	getrennt gesprochen, wie etwa in „Imper**iu**m", aber mit längerem „u"	**cudziu** (fremd)

Achtung: y und i werden beide wie „i" ausgesprochen, z. B.:

byť *„bitj"* (sein) **biť** *„bitj"* (schlagen)

Längezeichen

Lange slowakische Selbstlaute tragen ein Längezeichen (wie der französische Akut):

mama	Mutti	**máme**	wir haben
ten	der	**téma**	Thema
iste	sicher	**ísť**	gehen
tona	Tonne	**tón**	Ton
už	schon	**ústa**	Mund
vysoký	hoch	**východ**	Ausgang

Zwei lange Silben können nie direkt nacheinander stehen (wichtige Regel für Eigenschaftswörter und einige Verben).

weiche/harte Mitlaute

Als „harte" Mitlaute werden t, d, n und l bezeichnet; die entsprechenden Mitlaute mit „Häkchen", also ť, ď, ň und ľ, werden als „weich" bezeichnet. Weich sind auch c, č, ž und j. Gelegentlich schreibt man die weichen Mitlaute auch folgendermaßen: t', d', l' (ň wird jedoch immer wie ň geschrieben). Häufig werden die weichen Mitlaute auch dann weich ausgesprochen, wenn sie kein „Häkchen" tragen: Immer wenn t, d, n oder l vor den Selbstlauten i, í oder e stehen, spricht man sie weich aus, auch ohne besondere Markierung. Vor é, y oder irgendeinem anderen Selbstlaut bleibt die Aussprache „hart".

Y *steht niemals nach den folgenden (weichen) Mitlauten:* ť, ď, ň, ľ, c, č, š, ž, j. *Diese Regel spielt bei der Bildung der Mehrzahl eine Rolle.*

Betonung

mesto	Stadt
stanica	Bahnhof
rozumiem	ich verstehe
nerozumiem	ich verstehe nicht
Bratislava	Preßburg
Česko-Slovensko	Tschechoslowakei
ekonomika	Ökonomie
hotel	Hotel

Alle Wörter werden auf der ersten Silbe betont.

Wörter, die weiterhelfen

Mit folgenden Floskeln ist eine Verständigung ohne Grammatikkenntnisse möglich.

Prosím ...!	**Prosím Vás pekne, ...**
(ich-)bitte	*(ich-)bitte Euch(4) schön(Umst.)*
Bitte ...!	Entschuldigen Sie, bitte, ...

Kde je ...? (Wo ist...?/Wo gibt es...?)

Kde je taxík? *wo ist Taxi*	Wo gibt es ein Taxi?
Kde je hlavná stanica? *wo ist haupt Bahnhof*	Wo ist der Hauptbahnhof?
Kde je hotel? *wo ist Hotel*	Wo gibt es ein Hotel?
Kde je záchod? *wo ist WC*	Wo gibt es ein WC?

lekáreň (w)	Apotheke	**obchod**	Geschäft
lekár	Arzt	**konzulát**	Konsulat
banka	Bank	**nemocnica**	Krankenh.
veľvyslanectvo	Botschaft	**polícia**	Polizei
autobus	Bus	**pošta**	Post
letisko	Flughafen	**telefón**	Telefon

Hinweise

vpravo	rechts	**doprava**	nach rechts
vľavo	links	**doľava**	nach links
tu, tuto	hier	**sem**	hierhin
tam, tamto	dort	**tam, tamto**	dorthin
blízko	nah	**ďaleko; ďalej**	weit; weiter
rovno	geradeaus	**naspäť**	zurück
križovatka	Kreuzung	**semafor**	Ampel

Hľadám ... (Ich suche ...) + 4. Fall

Bei den folgenden drei Satzkonstruktionen stehen die Wörter, die eingesetzt werden sollen, im 4. Fall (Akkusativ).

Hľadám reštauráciu. *(ich-)suche Restaurant(4)*	Ich suche ein Restaurant.
Hľadám poštu. *(ich-)suche Postamt(4)*	Ich suche ein Postamt.

Der 4. Fall ist mit dem 1. Fall identisch. Einzige Ausnahme: Weibliche Hauptwörter bekommen statt der Endung -a *die Endung* -u, *so wird z. B. aus* stanica *(Bahnhof)* stanicu.

Máte ...? (Haben Sie ...?) + 4. Fall

Máte voľnú izbu? *(Ihr-)habt freies(4) Zimmer(4)*	Haben Sie ein freies Zimmer?
Máte baterky? *(Ihr-)habt Batterien(4)*	Haben Sie Batterien?

Áno, máme.
ja, (wir-)haben
Ja, haben wir.

Nie, nemáme.
nein, nicht-(wir-)haben
Nein, haben wir nicht.

Prosím si ... (Ich möchte ...) + 4. Fall

Prosím si chleba. *(ich-)bitte sich Brot(4)*	Ich hätte gern ein Brot.
Prosím si jeden „Hot Dog". *(ich-)bitte sich ein(4) „Hot Dog"*	Einen Hot Dog, bitte.
Prosím si jeden lístok. *(ich-)bitte sich eine(4) Karte(4)*	Eine Fahrkarte, bitte.

Kauderwelsch-Tonträger

Falls Sie sich die Sätze und Wörter, die in diesem Buch vorkommen, einmal von einer Slowakin gesprochen anhören möchten, kann Ihnen Ihre Buchhandlung das begleitende Tonmaterial zu diesem Buch besorgen. Sie bekommen es auch über den Rump-Direktversand oder unseren Internetshop ***www.reise-know-how.de*** *zuzüglich Porto- und Verpackungskosten.*

Koľko stojí ...? (Wie viel kostet ...?)

Koľko stojí tabak?	Wie viel kostet der
wieviel (er-)kostet Tabak	Tabak?
Koľko to stojí?	Wie viel kostet das?
wieviel das (es-)kostet	

Ďakujem pekne!	Dankeschön!
Nech sa páči!	Bitteschön! (als Antwort)
Prosím!	Bitte! (als Aufforderung)
Dobrý deň!	Guten Tag!
Do videnia!	Auf Wiedersehen!

Hauptwörter

Das Slowakische kennt wie das Deutsche drei grammatische Geschlechter: männlich, weiblich und sächlich (abgekürzt: m, w, s).

Geschlecht

Das grammatische Geschlecht eines slowakischen Wortes entspricht nicht immer dem des entsprechenden deutschen Wortes.

Es gibt eine einfache Regel, wie man das grammatische Geschlecht eines slowakischen Hauptwortes erkennen kann.

slnko (s) Sonne (w) **kniha** (w) Buch (s)

Endung	Geschlecht	Beispiel	
(Mitlaut)	männlich	**stôl** (m)	Tisch
-a	weiblich	**ulica** (w)	Straße
-o oder **-e**	sächlich	**auto** (s)	Auto
		poschodie (s)	Stockwerk

Einige wichtige Ausnahmen sind alle Hauptwörter, die auf -nosť, -osť, -sť, -áreň oder -eň enden. Diese sind weiblich:

piváreň	Bierhalle	**cukráreň**	Konditorei
miestnosť	Zimmer	**šikovnosť**	Klugheit
skutočnosť	Wirklichkeit		

Alle Ausnahmen sind im Folgenden immer mit einem „m", „w" bzw. „s" gekennzeichnet.

Einige Wörter, die auf einen Mitlaut enden, sind dennoch weiblich:

zem	Erde	**vec**	Ding
noc	Nacht	**smrť**	Tod

Die slowakische Endung -ista entspricht der deutschen Endung „-ist". Alle Hauptwörter mit dieser Endung sind männlich:

turista	Tourist	**komunista**	Kommunist
futbalista	Fußballspieler		

weibliche Formen aus der männlichen bilden

Die weibliche Endung -ka (entspricht der deutschen Endung „-in") wird dabei an das männliche Wort angehängt:

Bei Personenbezeichnungen (Berufe/ Nationalitäten) gibt es jeweils eine männliche und weibliche Variante.

študent	Student	**študentka**	Studentin
učiteľ	Lehrer	**učiteľka**	Lehrerin
Rakúšan	Österreicher	**Rakúšanka**	Österreicherin

Endet die männliche Form auf -k, wird das -k durch die weibliche Endung -čka ersetzt:

čašník	Kellner	**čašníčka**	Kellnerin
žiak	Schüler	**žiačka**	Schülerin

Slovák	Slowake	**Slovenka**	Slowakin
Nemec	Deutscher	**Nemka**	Deutsche

Diese Formen sind unregelmäßig!

männliche belebte/unbelebte Hauptwörter

Männliche Hauptwörter werden in zwei Gruppen geteilt: in männliche „belebte" und männliche „unbelebte" (abgekürzt: „m/b" bzw. „m/u").

Männliche belebte Hauptwörter sind diejenigen, die eine männliche Person oder einige männliche Tiere bezeichnen, z. B. muž (Mann), študent (Student), priateľ (Freund), pes (Hund). Alle anderen männlichen Hauptwörter sind „unbelebt". In einigen Fällen gibt es unterschiedliche Endungen für diese zwei Gruppen. Meistens sind die zwei Gruppen zwar identisch, wo es aber eine spezielle männliche belebte Form gibt, weise ich darauf hin. Formen, die nur als männlich (m) gekennzeichnet sind, gelten für die „belebte" und für die „unbelebte" Gruppe.

Mehrzahl

Um die Mehrzahl (abgekürzt: Mz) eines Hauptwortes zu bilden, ersetzt man die Einzahl-Endung durch die Mehrzahl-Endung bzw. hängt man die Mehrzahl-Endung an.

Die folgende Darstellung zeigt, wie die Mehrzahl gebildet wird. Sie ist aber eine Vereinfachung und erfasst nicht alle möglichen Ausnahmen:

Einzahl-Endung	Mehrzahl-Endung
männlich (unbelebt)	**-y** anhängen
weiblich auf **-a**	wird zu **-y**
sächlich auf **-o**	wird zu **-á**
sächlich auf **-e**	wird zu **-ia**

In den Wörterlisten ist sowohl die Einzahl- als auch die Mehrzahl-Form angegeben, wenn das betreffende Wort von dieser Darstellung abweicht.

vlak (m/u)	Zug	**vlaky**	Züge
žena (w)	Frau	**ženy**	Frauen
mesto (s)	Stadt	**mestá**	Städte
pole (s)	Feld	**polia**	Felder

Beachten Sie die folgenden Ausnahmen.

Hauptwörter, deren Stamm auf ť, ď, ň, ľ, c, č, š, ž, j (oder manchmal auf l) endet, bekommen anstatt -y ein -e oder ein -i als Mehrzahl-Endung, z. B.:

cieľ (m)	Ziel	**ciele**	Ziele
stroj (m)	Maschine	**stroje**	Maschinen
ulica (w)	Straße	**ulice**	Straßen
fľaša (w)	Flasche	**fľaše**	Flaschen
noc (w)	Nacht	**noci**	Nächte

Bei belebten männlichen Hauptwörtern lautet die Mehrzahl-Endung -i, -ia, manchmal auch -ovia:

muž (m/b)	Mann	**muži**	Männer
študent (m/b)	Student	**študenti**	Studenten
priateľ (m/b)	Freund	**priatelia**	Freunde
učiteľ (m/b)	Lehrer	**učitelia**	Lehrer
syn (m/b)	Sohn	**synovia**	Söhne

Einige Hauptwörter werden nur in der Mehrzahl verwendet, auch wenn sie sich auf nur ein Stück beziehen; z. B. sagt man immer noviny (Zeitungen), auch wenn man nur über eine Zeitung spricht. Folgende Wörter stehen immer in der Mehrzahl:

dvere (w Mz)	Tür
nohavice (w Mz)	Hose
okuliare (m Mz)	Brille
narodeniny (w Mz)	Geburtstag
Košice (w Mz)	Kaschau (eine Stadt)
Čechy (w Mz)	Böhmen
Vysoké Tatry (w Mz)	Hohe Tatra

Artikel

Im Slowakischen gibt es keinen unbestimmten Artikel (ein, eine). Slowakische Hauptwörter können deshalb mit oder ohne den unbestimmten Artikel übersetzt werden. Vlak kann also „ein Zug" oder nur „Zug" heißen; das hängt vom Sinn des Satzes ab.

Den bestimmte Artikel (der, die) gibt es im Slowakischen, er wird aber selten, nur wenn etwas betont werden soll, gebraucht. Er steht dann vor dem Hauptwort.

	Einzahl	Mehrzahl
m/b	**ten** (der)	**tí** (die)
m/u	**ten** (der)	**tie** (die)
w	**tá** (die)	**tie** (die)
s	**to** (das)	**tie** (die)

ten muž	**tá žena**	**to dieťa**
der Mann	die Frau	das Kind

Verkleinerungsformen (zdrobneliny)

Im Slowakischen werden Verkleinerungsformen viel häufiger verwendet als im Deutschen, z. B.:

pohár	Glas	**pohárik**	Gläschen
stôl	Tisch	**stolík**	kleiner Tisch
fľaša	Flasche	**fľaška**	Fläschchen
dedina	Dorf	**dedinka**	Dörfchen
mesto	Stadt	**mestečko**	Städtchen
škola	Schule	**škôlka**	Kindergarten

Dieses & Jenes

Hängt man -to an den bestimmten Artikel an, bildet man das hinweisende Fürwort „diese(r, -s)". Um „jene(r, -s)" zu bilden, stellt man dem Artikel tam- voran. Die hinweisenden Fürwörter stehen immer vor dem dazugehörigen Hauptwort und richten sich nach diesem in Geschlecht und Zahl.

	Einzahl	Mehrzahl
m/b	**tento; tamten**	**títo; tamtí**
m/u		**tieto; tamtie**
w	**táto; tamtá**	
s	**toto; tamto**	

	Einzahl	Mehrzahl
m/b	**taký** (solcher)	**takí**
m/u		**také** (solche)
w	**taká** (solche)	
s	**také** (solches)	

Das hinweisende Fürwort taký *ist ein wichtiges Wort der Umgangssprache. Es bedeutet etwa „ein“ oder „so(lch) ein(e, -s)“.*

Tam je také múzeum.
dort ist so-ein Museum
Dort gibt es so ein Museum.

Eigenschaftswörter

Die Eigenschaftswörter richten sich in Geschlecht, Zahl und Fall nach dem Hauptwort, auf das sie sich beziehen. Sie stehen immer vor dem betreffenden Hauptwort.

Hier ist am Beispiel dobrý *(gut) die Endung jeweils durch einen Bindestrich abgetrennt. In den Wörterlisten steht immer nur die männliche Form des Eigenschaftswortes.*

	Einzahl	Mehrzahl
m/b	**dobr-ý** (gut)	**dobr-í**
m/u		**dobr-é** (gute)
w	**dobr-á** (gute)	
s	**dobr-é** (gutes)	

dobrý priateľ	**dobrí ľudia**	**dobré auto**	**dobré autá**
guter Freund	gute Leute	gutes Auto	gute Autos

Außerdem gibt es eine zweite Gruppe von Eigenschaftswörtern, die die so genannten „weichen“ Endungen bekommen.

Eigenschaftswörter

Zu dieser Gruppe gehören nur cudzí *(fremd),* tretí *(dritter),* čí? *(wessen?) sowie auch alle gesteigerten Eigenschaftswörter.*

	Einzahl	Mehrzahl
m/b	**cudz-í** (fremd)	**cudz-í**
m/u	**cudz-í** (fremd)	**cudz-ie** (fremde)
w	**cudz-ia** (fremde)	**cudz-ie** (fremde)
s	**cudz-ie** (fremdes)	**cudz-ie** (fremde)

wichtige Eigenschaftswörter

Beachten Sie: Eigenschaftswörter haben immer lang auszusprechende Endungen (-ý, -á, -é, -í). *Da aber zwei lange Silben nicht direkt aufeinander folgen dürfen, bekommt das Eigenschaftswort einen kurzen Selbstlaut als Endung, wenn die letzte Silbe vor der Endung einen langen Selbstlaut oder einen Zwielaut enthält, z. B.* krátky, krátka, krátke *(kurz).*

dobrý	gut	**zlý**	schlecht
veľký	groß	**malý**	klein
krásny; pekný	schön; hübsch	**škaredý**	hässlich
silný	stark	**slabý**	schwach
ťažký	schwer	**ľahký**	leicht
dlhý	lang	**krátky**	kurz
vysoký	hoch	**nízky; hlboký**	niedrig; tief
tvrdý	hart	**mäkký**	weich
rýchly	schnell	**pomalý**	langsam
mokrý	nass	**suchý**	trocken
čistý	sauber	**špinavý**	schmutzig
plný	voll	**prázdny**	leer
zdravý	gesund	**chorý**	krank
nový; mladý	neu; jung	**starý**	alt
šťastný	glücklich	**smutný**	traurig
bohatý	reich	**chudobný**	arm
teplý	warm	**chladný**	kalt
lacný	billig	**drahý**	teuer
zaujímavý	interessant	**nudný**	langweilig
jednoduchý	einfach	**zložitý**	kompliziert
šikovný; milý	klug; nett	**hlúpy**	blöd
svetlý	hell	**tmavý**	dunkel
nežný	zärtlich	**zlatý**	golden; lieb
hotový	fertig	**jasný**	klar

Farben

červený	rot	**fialový**	violett
zelený	grün	**ružový**	rosa
modrý	blau	**pomarančový**	orangen
žltý	gelb	**hnedý**	braun
biely	weiß	**šedý**	grau
čierny	schwarz	**pestrý**	bunt
čiernobiely	schwarzweiß		

Steigern & Vergleichen

Um ein Eigenschaftswort zu steigern, wird für die 1. Steigerungsstufe (Komparativ) die Endung für Geschlecht und Zahl (-ý, -á oder -é) durch -ší oder -ejší ersetzt (-ejší verwendet man nur, wenn die Aussprache zu schwierig wäre).

Für die 2. Steigerungsstufe (Superlativ) stellt man dem Komparativ die Vorsilbe naj- voran.

starý	**starší**	**najstarší**
alt	älter	am ältesten
lacný	**lacnejší**	**najlacnejší**
billig	billiger	am billigsten

Am Beispiel starší (älter) sind die Endungen in der Tabelle wieder durch Bindestriche abgetrennt (der Superlativ najstarší (ältester) erhält dieselben Endungen):

Das gesteigerte Eigenschaftswort richtet sich in Geschlecht und Zahl nach dem Hauptwort, auf das es sich bezieht.

	Einzahl	Mehrzahl
m/b m/u	**star-ší** (älterer)	**star-ší**
w	**star-šia** (ältere)	**star-šie** (ältere)
s	**star-šie** (älterer)	**star-šie** (ältere)

Steigern & Vergleichen

Lautet die Endung -ký, -oký *oder* -eký *(auch die entsprechende weibliche od. sächliche Variante), wird diese Endung durch* -ší *ersetzt.*

krátky	**kratší**	**najkratší**
kurz	kürzer	am kürzesten
vysoký	**vyšší**	**najvyšší**
hoch	höher	am höchsten

Einige unregelmäßige Steigerungsformen:

dobrý	**lepší**	**najlepší**
gut	besser	am besten
zlý	**horší**	**najhorší**
schlecht	schlechter	am schlechtesten
veľký	**väčší** *(wätschi)*	**najväčší**
groß	größer	am größten
krásny	**krajší**	**najkrajší**
schön	schöner	am schönsten
malý	**menší**	**najmenší**
klein	kleiner	am kleinsten

vergleichen

Zum Vergleichen braucht man das Wort ako (als):

On je väčší ako ja.
er ist größer als ich
Er ist größer als ich.

Ona je mladšia ako ty.
sie ist jünger als du
Sie ist jünger als du.

Das Wort oveľa bedeutet „viel“ oder „um viel“:

Toto je oveľa lacnejšie.
dieses ist um-viel billiger
Das hier ist viel billiger.

Persönliche Fürwörter

Die persönlichen Fürwörter werden nur dann gebraucht, wenn man die betreffende Person besonders betonen will (z. B. „*sie* geht, *ich* aber nicht".) Ansonsten braucht man sie nicht, denn sie sind bei der Beugung im Verb enthalten.

	Einzahl	Mehrzahl	
ja	ich	**my**	wir
ty	du	**vy**	ihr
on	er (m/b, m/u)	**oni**	sie (m/b)
ona	sie	**ony**	sie (w, s, m/u)
ono	es		

Besitzanzeigende Fürwörter

Die besitzanzeigenden Fürwörter („mein", „dein" usw.) stehen vor dem betreffenden Hauptwort und richten sich nach diesem in Zahl und Geschlecht. Die folgende Tabelle gilt nur für den 1. Fall.

	Einzahl			Mehrzahl	
	m	**w**	**s**	**w, s, m/u**	**m/b**
mein	**môj**	**moja**	**moje**	**moje**	**moji**
dein	**tvoj**	**tvoja**	**tvoje**	**tvoje**	**tvoji**
sein	**jeho**	**jeho**	**jeho**	**jeho**	**jeho**
ihr (Ez)	**jej**	**jej**	**jej**	**jej**	**jej**
unser	**náš**	**naša**	**naše**	**naše**	**naši**
euer	**váš**	**vaša**	**vaše**	**vaše**	**vaši**
ihr (Mz)	**ich**	**ich**	**ich**	**ich**	**ich**

jeho *(sein, seine ...)*, jej *(ihr, ihre ...) und* ich *(ihre, Mz) sind unveränderlich. Natürlich gibt es weitere Endungen für die anderen Fälle; aber was hier aufgelistet ist, sollte als Anfang ausreichen.*

Besitzanzeigende Fürwörter

Im Slowakischen ist die höfliche Anrede die 2. Person Mehrzahl („ihr"); váš (euer) bedeutet also auch manchmal „Ihr".

môj brat	mein Bruder
moji priatelia	meine Freunde
tvoja priateľka	deine Freundin
Vaše meno	Ihr Name
jeho brat	sein Bruder
jeho priatelia	seine Freunde
jej problém	ihr Problem
jej deti	ihre Kinder

Übrigens: Wenn man über die Eltern (rodičia) spricht, sagt man anstatt „unsere Eltern" oder „eure Eltern" nur „unsere" oder „eure".

Naši nesúhlasia.
unsere nicht-(sie-)zustimmen
Unsere Eltern sind nicht einverstanden.

Vaši nie sú doma?
eure nicht (sie-)sind zu-Hause
Eure Eltern sind nicht zu Hause?

rückbezügliches besitzanzeigendes Fürwort

Wenn der Handelnde „ich" ist, dann bedeutet svoj „mein"; wenn der Handelnde „du" ist, dann bedeutet es „dein" usw. Die Bedeutung hängt immer vom Handelnden des Satzes ab (deswegen heißt es „rückbezüglich"). In der Wort-für-Wort-Übersetzung steht deshalb hinter der Übersetzung „Rück." in Klammern.

Das rückbezügliche besitzanzeigende Fürwort svoj hat die gleichen Endungen wie die anderen besitzanzeigenden Fürwörter. Svoj kann sowohl „mein" als auch „dein, sein, unser" usw. bedeuten. Es richtet sich nur nach dem dazugehörigen Hauptwort in Zahl und Geschlecht, nicht aber nach dem „Besitzer".

	Einzahl			**Mehrzahl**	
	m	**w**	**s**	**w, s, m/u**	**m/b**
mein ...	**svoj**	**svoja**	**svoje**	**svoje**	**svoji**

Nemám svoje okuliare.
nicht-(ich-)habe meine(Rück.) Brillen(4)
Ich habe meine Brille nicht.

Majú svoje knihy.
(sie-)haben ihre(Rück.) Bücher(4)
Sie haben ihre Bücher.

Tätigkeitswörter

Die Grundform eines Verbs (Tätigkeitswortes) besteht aus dem Stamm und der Endung -ť. Dieses ť wird wie „tj" ausgesprochen. Zur Not kann man das ť wie ein normales „t" aussprechen. Das ist zwar nicht korrekt, aber man wird verstanden.

Infinitiv (Grundform)

mať (haben) **hovoriť** (sprechen) **písať** (schreiben)

Gegenwart

	mať (haben)	**písať** (schreiben)	**hovoriť** (sprechen)
ich	**má-m** ich habe	**píš-em** ich schreibe	**hovor-ím** ich spreche
du	**má-š**	**píš-eš**	**hovor-íš**
er/sie	**má-**	**píš-e**	**hovor-í**
wir	**má-me**	**píš-eme**	**hovor-íme**
ihr	**má-te**	**píš-ete**	**hovor-íte**
sie	**ma-jú**	**píš-u**	**hovor-ia**

Es gibt drei Beugungsmuster („a"-, „e"- und „i"-Beugung), nach denen 98% der Verben gebeugt werden. Die Beugungsendungen sind in der Tabelle durch Bindestriche abgetrennt.

Achtung! Man kann nicht an der Grundform erkennen, zu welcher Gruppe ein Verb gehört. Denn häufig ist der letzte Selbstlaut in der Grundform nicht der richtige Beugungsselbstlaut, und manchmal gibt es weitere lautliche Unterschiede zwischen der Grundform und der gebeugten Form. Bei jedem Verb muss man sowohl die Grundform als auch die gebeugte Form lernen. Deshalb steht hinter jedem Verb auch die 1. Person Einzahl („ich") in Klammern, an der man den Selbstlaut (a, i oder e) ablesen und die Beugungsgruppe ableiten kann.

zwei nützliche Faustregeln

Verben, deren Grundform auf -núť endet, beugen immer auf -nem, -neš usw. (also „e"-Beugung), z. B.:

stretnúť (treffen): **stretnem, stretneš ...**

Verben, deren Grundform auf -ovať endet, beugen immer auf -ujem, -uješ usw. (auch „e"-Beugung), z. B.:

telefonovať (telefonieren): **telefonujem, telefonuješ**

duzen & siezen

Es ist ganz einfach, Verben von der vertraulichen Form in die höfliche Form und umgekehrt umzuformen.

Die höfliche Anrede im Slowakischen ist identisch mit der 2. Person Mehrzahl. „Du" heißt ty, „Sie" heißt Vy („ihr"). Die Verb-Endungen lauten immer:

...-š 2. Person Ez („du")
...-te 2. Person Mz („ihr") u. höfl. Anrede („Sie")

wichtige Verben

Im Gegensatz zu ísť *bedeutet* chodiť *„regelmäßig gehen".*

	Grundform	1. Pers. Ez („ich")
anfangen	**začínať**	**začínam**
arbeiten	**pracovať**	**pracujem**
aufschreiben	**napísať** (v)	**napíšem**
bringen	**priniesť** (v)	**prinesiem**
bringen	**doniesť** (v)	**donesiem**
einkaufen	**nakúpiť** (v)	**nakúpim**
einladen	**pozývať**	**pozývam**
finden	**nájsť** (v)	**nájdem**
geben	**dať** (v)	**dám**
gehen, fahren	**ísť**	**idem**
gehen, besuchen	**chodiť**	**chodím**
helfen	**pomôcť** (v)	**pomôžem**
hören	**počuť**	**počujem**
kaufen	**kúpiť** (v)	**kúpim**
kennen	**poznať**	**poznám**
kommen	**prísť** (v)	**prídem**

lesen	**čítať**	**čítam**
machen, tun	**robiť**	**robím**
nehmen	**zobrať** (v)	**zoberiem**
schauen	**pozerať**	**pozerám**
schlafen	**spať**	**spím**
schreiben	**písať**	**píšem**
sehen	**vidieť**	**vidím**
sprechen, sagen	**hovoriť**	**hovorím**
studieren	**študovať**	**študujem**
suchen	**hľadať**	**hľadám**
treffen	**stretnúť** (v)	**stretnem**
trinken	**piť**	**pijem**
vergessen	**zabudnúť** (v)	**zabudnem**
wohnen	**bývať**	**bývam**

„(v)“ bedeutet „vollendetes“ Verb (vgl. Kap. „Aspekte“)!

unregelmäßige Verben

Einige Verben bilden die 3. Person Mehrzahl („sie“) unregelmäßig; die folgenden sind wichtig:

povedať (sagen)	**vedieť** (wissen)	**jesť** (essen)	**rozumieť** (verstehen)	
poviem	**viem**	**jem**	**ruzumiem**	*ich*
povieš	**vieš**	**ješ**	**rozumieš**	*du*
povie	**vie**	**je**	**rozumie**	*er/sie (Ez)*
povieme	**vieme**	**jeme**	**rozumieme**	*wir*
poviete	**viete**	**jete**	**rozumiete**	*ihr*
povedia	**vedia**	**jedia**	**rozumejú**	*sie (Mz)*

byť (sein)

byť	sein		
som	ich bin	**sme**	wir sind
si	du bist	**ste**	ihr seid
je	er/sie/es ist	**sú**	sie sind

Bildet man im Slowakischen Sätze mit byť (sein) muss man Folgendes beachten: Ist ein Eigenschaftswort Satzergänzung (Objekt) wie in den nächsten Beispielen, richtet es sich in Zahl und Geschlecht nach dem Satzgegenstand (Subjekt)!

Som hladný.
(ich-)bin hungrig(m)
Ich bin hungrig.
(sagt ein Mann!)

Som hladná.
(ich-)bin hungrig(w)
Ich bin hungrig.
(sagt eine Frau!)

Je pekný.
(er-)ist hübsch(m)
Er ist hübsch.

Je pekná.
(sie-)ist hübsch(w)
Sie ist hübsch.

Sme unavení.
(wir-)sind müde(Mz)
Wir sind müde.

To je pekné!
das (es-)ist schön(s)
Das ist schön!

Modalverben (wollen, können, dürfen ...)

	chcieť (wollen)	**môcť** (können)	**smieť** (dürfen)	**musieť** (müssen)
ich	**chcem**	**môžem**	**smiem**	**musím**
du	**chceš**	**môžeš**	**smieš**	**musíš**
er/sie (Ez)	**chce**	**môže**	**smie**	**musí**
wir	**chceme**	**môžeme**	**smieme**	**musíme**
ihr	**chcete**	**môžete**	**smiete**	**musíte**
sie (Mz)	**chcú**	**môžu**	**smú**	**musia**

Ein Modalverb kombiniert man wie im Deutschen mit einem anderen Verb, dabei wird nur das Modalverb gebeugt!

Das Verb mať (haben, besitzen) bedeutet auch „sollen“; mať beugt man regelmäßig nach der „a“-Beugung (s. Kap. „Gegenwart“). Das unregelmäßige Verb vedieť (wissen) bedeutet auch „können“ in der Bedeutung „fähig sein, eine Fähigkeit haben“ (s. Kap. „unregelmäßige Verben“).

Čo mám robiť?
was (ich-)habe machen
Was soll ich machen?

Viem plávať.
(ich-)weiß schwimmen
Ich kann schwimmen.

Aspekte

unvollendet/ vollendet

Der **unvollendete Aspekt** bezeichnet eine Handlung, die zur Zeit noch im Gang ist oder war, oder eine Handlung die sich regelmäßig oder häufig wiederholt. Der **vollendete Aspekt** bezeichnet eine einmalige Handlung, die abgeschlossen ist.

Der „Aspekt" (oder „Betrachtungsweise") ist eine grammatische Erscheinung in slawischen Sprachen, die es im Deutschen nicht gibt. Für die meisten Verben gibt es im Slowakischen jeweils zwei Varianten: eine „vollendete" und „unvollendete" Variante.

Zum Beispiel bedeutet das unvollendete Verb kupovať (kupujem) „kaufen" im Sinne von „dabei sein zu kaufen, Geld in der Hand haben und mit dem Verkäufer reden" oder „regelmäßig, oft kaufen". Die Betonung liegt auf dem Vorgang des Kaufens. Beim entsprechenden vollendeten Verb kúpiť (kúpim) liegt die Betonung auf der Abgeschlossenheit der Handlung „kaufen", also „etwas gekauft, bezahlt haben und dann weggehen". Von der Form her sind diese zwei völlig verschiedene Verben: kúpiť gehört zur „i"-Beugungsgruppe und kupovať zur „e"-Beugungsgruppe, obwohl beide „kaufen" bedeuten und häufig identisch übersetzt werden.

Verben mit den Vorsilben u-, po-, pre-, pri-, od-, do- usw. sind meistens vollendet und von einem unvollendeten Verb abgeleitet, z. B.: ísť/prísť, robiť/urobiť, platiť/zaplatiť. Verben, die auf -ovať enden, sind in der Regel unvollendet, Verben auf -núť sind dagegen fast immer vollendet. Übrigens: Man wird auch verstanden, wenn man den falschen Aspekt verwendet!

die Aspekte in der Gegenwart & Zukunft

Für eine Handlung in der **Gegenwart** verwendet man immer die unvollendete Variante des Verbs, was ja nur logisch ist: Eine Handlung, die gerade erst abläuft, ist immer unvollendet.

Kupujem ti zmrzlinu.	Ich kaufe dir (gerade!)
(ich-)kaufe dir(3) Eis(4)	Eis.
Vždy kupujem príliš veľa zmrzliny.	Ich kaufe immer zu viel Eis.
immer (ich-)kaufe zu viel Eis(2)	

In den Wörterlisten steht meistens nur das Verb im unvollendeten Aspekt, da man mit diesem am besten zurechtkommt. Verben im vollendeten Aspekt sind immer mit „(v)" gekennzeichnet. Alle anderen Verben sind unvollendet.

Verben im vollendeten Aspekt haben zwar auch eine Gegenwartsform, jedoch hat diese dann immer eine **zukünftige Bedeutung.** Ein vollendetes Verb ist also ein Ersatz für die Zukunftsform. Man verwendet diese, um eine feste Absicht, ein Angebot oder ein Resultat zu bezeichnen, z. B.:

Kúpim ti zmrzlinu.
(ich-)kaufe(v) dir(3) Eis(4)
Ich kaufe dir Eis. (= „Möchtest du, dass ich ...? Ich gehe gleich zum Laden.")

Das bedeutet, dass man die Zukunftsform nur von unvollendeten Verben bilden kann.

die Aspekte in der Vergangenheit

In der **Vergangenheit** kann man beide Varianten benutzten, je nach Sinnzusammenhang:

Kupoval som tam zmrzlinu.
gekauft(m) (ich-)bin dort Eis(4)
Ich habe dort Eis gekauft.
(= „... als ich das Portemonnaie fallen ließ.")

Predtým som tam kupoval zmrzlinu.
früher (ich-)bin dort gekauft(m) Eis(4)
Früher habe ich dort (immer!) Eis gekauft.
(= „... aber jetzt ist der Laden geschlossen.")

Kúpil som tam zmrzlinu.
gekauft(m,v) (ich-)bin dort Eis(4)
Ich habe dort Eis gekauft. (abgeschlossene Handlung! „... und jetzt gebe ich es dir.")

die Aspekte nach Modalverben & nach „treba" (man muss)

Nach Modalverben und nach dem unpersönlichen Ausdruck treba (man muss) kann man kaum definieren, wann die vollendete und wann die unvollendete Variante zu verwenden ist. Manchmal hängt das vom Sinnzusammenhang ab, aber manchmal ist es nur eine Frage des Stils.

Partizip II (Mittelwort der Vergangenheit)

Um die Vergangenheit zu bilden, braucht man zunächst eine andere Zeitform des Verbs, und zwar das Partizip II, das von der Grundform abgeleitet wird. Die gebeugte Form und die jeweilige Beugungsgruppe spielen hier keine Rolle. Die Endung -ť der Grundform wird dabei durch ein -l ersetzt:

mať	haben (besitzen)	**mal**	gehabt
písať	schreiben	**písal**	geschrieben
hovoriť	spechen	**hovoril**	gesprochen

-ieť wird zu **-el**	
vedieť (wissen)	> **vedel** (gewusst)
-núť wird zu **-ol**	
stretnúť (treffen)	> **stretol** (getroffen)
-sť wird zu **-šiel/-sol/-dol**	
priniesť (bringen)	> **priniesol** (gebracht)
prísť (kommen)	> **prišiel** (gekommen)
jesť (essen)	> **jedol** (gegessen)
-cť wird zu **-kol**	
obliecť sa (sich anziehen)	> **obliekol sa** (angezogen)

Bei manchen Verben gibt es auch weitere kleine Veränderungen, je nachdem, wie die jeweilige Grundform endet.

Das so gebildete Partizip II bekommt eine weitere Endung, je nach Geschlecht und Zahl, siehe Beispiel mať. Die regelmäßigen Endungen sind hier durch Bindestrich abgetrennt. Die anderen Partizipien der folgenden Tabelle sind unregelmäßig.

	mať (haben)	**byť** (sein)	**môcť** (können)	**ísť** (gehen)	**nájsť** (finden)
m	**mal**	**bol**	**mohol**	**išiel**	**našiel**
w	**mal-a**	**bola**	**mohla**	**išla**	**našla**
s	**mal-o**	**bolo**	**mohlo**	**išlo**	**našlo**
Mz	**mal-i**	**boli**	**mohli**	**išli**	**našli**

Vergangenheit

Übrigens: Die Vergangenheit wird immer nur mit byť *(sein) gebildet, niemals mit* mať *(haben, besitzen)! Die Vergangenheitsform kann man im Deutschen entweder mit der einfachen Vergangenheit (z. B. „ich war") oder mit der vollendeten Gegenwart (z. B. „ich bin gewesen") übersetzen.*

Für die Vergangenheit braucht man das Partizip II und zusätzlich das Hilfsverb byť (sein), das man dem Partizip nachstellt. Nur bei der 3. Person Ein- und Mehrzahl („er/sie/es; sie") entfällt das Hilfsverb!

Das Partizip II richtet sich in Zahl und Geschlecht nach der handelnden Person: Spricht z. B. eine Frau von sich („ich"), oder wird eine Frau angesprochen („du"), bzw. spricht man von einer Frau („sie"), verwendet man die weibliche Form des Partizips. In der Wort-für-Wort-Übersetzung ist das Partizip dann mit „w" gekennzeichnet. Sind die handelnden Personen in der Mehrzahl („wir, ihr"), braucht man das Partizip in der Mehrzahl (mit „Mz" gekennzeichnet). Hier die Vergangenheit für byť (sein) und mať (haben, besitzen):

ich (m/w)	**bol/bola som** *war(m/w) (ich-)bin*	**mal/mala som** *hatte(m/w) (ich-)bin*
du (m/w)	**bol/bola si**	**mal/mala si**
er/sie/es	**bol/bola/bolo**	**mal/mala/malo**
wir	**boli sme**	**mali sme**
ihr	**boli ste**	**mali ste**
sie (Mz)	**boli**	**mali**

Bol som tam.
gewesen(m) (ich-)bin dort
Ich war dort. (sagt Mann)

Bola som tam.
gewesen(w) (ich-)bin dort
Ich war dort. (sagt Frau)

Chcela ísť.
gewollt(w) gehen
Sie wollte gehen.

Stretli sme ho tam.
getroffen(Mz) (wir-)sind ihn(4) dort
Wir haben ihn dort getroffen.

Zur Wortstellung in der Vergangenheit erfährt man mehr im Kapitel „Wortstellung".

Möglichkeitsform

Die Möglichkeitsform kann man von unvollendeten und vollendeten Verben bilden, indem man sie aus der Vergangenheitsform ableitet: Dazu kombiniert man die Vergangenheitsform mit dem unveränderlichen Wort by (in der Wort-für-Wort-Übersetzung mit „MÖGL." gekennzeichnet).

bol/bola by som	ich (m/w) wäre
bol/bola by si	du (m/w) wärest
bol/bola/bolo by	er/sie/es wäre
boli by sme	wir wären
boli by ste	ihr wäret
boli by	sie wären

Mohla by prísť. Sie könnte kommen.
gekonnt(w) MÖGL. kommen
My by sme išli. Wir würden gehen.
wir MÖGL. (wir-)sind gegangen(Mz)
Bol by som šťastný. Ich wäre glücklich. (Mann!)
gewesen(m) MÖGL. bin glücklich
Bola by som šťastná. Ich wäre glücklich. (Frau!)
gewesen(w) MÖGL. bin glücklich(w)

Um Bedingungssätze mit der Möglichkeitsform zu bilden, verwendet man keby (wenn). By ist dann schon in keby enthalten.

Tomáš by išiel, keby mohol.
Tomas MÖGL. gegangen(m), wenn-MÖGL. gekonnt(m)
Tomas würde gehen, wenn er könnte.

Pomohli by sme, keby sme mohli.
geholfen(Mz,v) MÖGL. (wir-)sind, wenn-MÖGL. (wir-)sind gekonnt(Mz)
Wir würden helfen, wenn wir könnten.

Zukunft

Um die Zukunftsform von unvollendeten Verben zu bilden, braucht man die Zukunftsform von byť *(sein). Dann stellt man das gebeugte* byť *(sein) dem betreffenden Verb in seiner Grundform voran.*

budem	ich werde sein	**budeme**	wir werden sein
budeš	du wirst sein	**budete**	ihr werdet sein
bude	er/sie wird sein	**budú**	sie werden sein

Budeme hrať tenis.
(wir-)werden spielen Tennis(4)
Wir werden Tennis spielen.

Zajtra budú doma.
morgen (sie-)werden zu-Hause
Morgen werden sie zu Hause sein.

Diese Konstruktion mit byť (sein) kann man nicht mit vollendeten Verben verwenden. Für vollendete Verben braucht man keine besondere Zukunftsform, denn die Gegenwartsform vollendeter Verben gilt schon als Zukunft (s. Kap. „Aspekte").

Das unvollendete Verb ísť (idem) *(gehen) bildet die Zukunft unregelmäßig.*

pôjdem	ich werde gehen	**pôjdeme**	wir ...
pôjdeš	du wirst gehen	**pôjdete**	ihr ...
pôjde	er/sie wird gehen	**pôjdu**	sie (Mz) ...

das unpersönliche „treba"

Den unpersönlichen Ausdruck treba (etwa: „man muss" oder „es ist notwendig") gibt es nur in dieser unveränderlichen Form. Das Vollverb steht danach in der Grundform; es kann unvollendet oder vollendet sein. Eine Regel gibt es dafür nicht.

Treba prestúpiť.
man-muss umsteigen(v)
Man muss umsteigen. / Sie/wir müssen umsteigen.

Die Vergangenheit von treba lautet:	**bolo treba**
Die Zukunft von treba lautet:	**bude treba**

Umstandswörter

Umstandswörter (Adverbien) werden von Eigenschaftswörtern abgeleitet, indem die Endungen -ý, -á oder -é durch ein -o oder -e ersetzt werden.

určite	bestimmt	**blízko**	nah, in der Nähe
hotovo	fertig	**zle**	schlecht
skoro	früh	**rýchlo**	schnell
presne	genau	**pekne**	schön
dobre	gut	**neskoro**	spät
jasne	klar	**stále**	ständig
dlho	lange	**ďaleko**	weit

Besonders bei den Umstandswörtern sollte man sich an die Regel erinnern: Ein kurzes nachfolgendes -e *macht* t, d, n *oder* l *„weich" (s. „Aussprache").*

Všetko vyzerá dobre.
alles (es-)aussieht gut(Umst.)
Alles sieht gut aus.

Dlho sme tam boli.
lange(Umst.) (wir-)sind dort gewesen(Mz)
Wir waren lange dort.

Manche Umstandswörter enden auf -icky oder -sky. Diese sind meistens von einem entsprechenden Eigenschaftswort abgeleitet, das auf -ický, -ická, -ické bzw. -ský, -ská, -ské endet:

telefonicky	telefonisch
letecky	mit Luftpost
slovensky	slowakisch, auf Slowakisch

Um ein Umstandswort zu steigern, geht man vom gesteigerten Eigenschaftswort aus und tauscht dessen Endung durch -šie aus:

Eigenschaftswort		Umstandswort	
bližší	näherer	**bližšie**	näher
kratší	kürzerer	**kratšie**	kürzer
najlepší	bester	**najlepšie**	am besten

Die Umstandswörter skoro (früh) und neskoro (spät) werden unregelmäßig gesteigert. Skôr bedeutet „früher" im zeitlichen Sinne sowie auch „eher" im Sinne von „lieber" oder „besser".

skoro	früh	**skôr**	früher, eher
neskoro	spät	**neskôr**	später

weitere nützliche Umstandswörter

tiež	auch	**vraj**	angeblich
iba, len	nur	**práve**	eben, gerade
dosť	genug	**ako?**	wie?
celkom	ziemlich	**tak, takto**	so
zriedka	selten	**nejako**	irgendwie
pomaly	langsam	**nijako**	keineswegs
spolu	zusammen	**inak**	sonst, anders
možno	vielleicht	**ináč**	ansonsten, anders
asi	etwa	**nejak inak**	irgendwie anders

Wem? oder Wen?

Im Slowakischen unterscheidet man wie im Deutschen zwischen „mir/mich" oder „dir/dich" (also 3./4. Fall) usw. Allerdings gibt es in der Einzahl jeweils zwei Erscheinungsformen dieser Wörter.

Die Formen nach dem Schrägstrich sind spezielle Formen für die Kombination mit Verhältniswörtern!

	komu? (wem?)			**koho?** (wen?)	
	lang	kurz		lang	kurz
mir	**mne**	**mi**	mich	**mňa**	**ma**
dir	**tebe**	**ti**	dich	**teba**	**ťa**
ihm	**jemu/nemu**	**mu**	ihn, es	**jeho/neho**	**ho**
ihr	**jej/nej**	**jej**	sie (Ez)	**ju/ňu**	**ju**
uns	**nám**		uns	**nás**	
euch	**vám**		euch	**vás**	
ihnen	**im/nim**		sie (Mz)	**ich/nich**	

Die „kurze“ Form steht immer dann, wenn das Fürwort keine besondere Betonung bekommt (deswegen heißt sie auch „unbetonte Form“); sie steht dann nach der Satzaussage (Prädikat).

In der Wort-für-Wort-Übersetzung ist der 3. Fall mit „(3)“, der 4. Fall mit „(4)“ gekennzeichnet. Die unbetonten Fürwörter haben eine besondere Stellung im Satz.

Páči sa mi.
(es-)gefällt sich mir(3)
Es gefällt mir.

Milujem ťa.
(ich-)liebe dich(4)
Ich liebe dich.

Videl/videla som ho.
gesehen(m/w) (ich-)bin ihn(4)
Ich habe ihn gesehen.

Die „lange“ Form wird dann verwendet, wenn die betreffende Person besonders betont wird; sie steht dann am Satzanfang (vor der Satzaussage). Im Deutschen wird diese Betonung nur durch die Wortstellung ausgedrückt.

Die „lange“ Form wird auch dann verwendet, wenn das Wort allein steht, z. B. als Antwort auf eine Frage.

Teba milujem!
dich(4) (ich-)liebe
Dich(!) liebe ich!

Jeho som videl/videla!
ihn(4) (ich-)bin gesehen(m/w)
Ihn(!) habe ich gesehen!

Mne sa páči.
mir(3) sich (es-)gefällt
Mir gefällt es! (dir nicht?)

Koho hľadáš?
wen(4) (du-)suchst
Wen suchst du?

Teba.
dich(4)
Dich.

In der Mehrzahl gibt es nur eine Form, die beide Funktionen erfüllt:

Tomáš to dal vám.
Tomas das(4) gegeben(m) euch(3)
Tomas hat das euch gegeben.

Vám to dal.
euch(3) das(4) gegeben(m)
Euch hat er das gegeben. (nicht mir)

Zusammen mit Verhältniswörtern steht immer die lange Form. Wenn in der obigen Tabelle jedoch eine weitere Form nach dem Schrägstrich angegeben ist, wird diese verwendet!

Prišli ku mne.
gekommen(Mz) zu mir(3)
Sie sind zu mir gekommen.

Toto je pre neho.
dieses (es-)ist für ihn(4)
Das hier ist für ihn.

Rückbezügliche Fürwörter

In der slowakischen Sprache gibt es zwei rückbezügliche (unveränderliche) Fürwörter: sa (sich) und si (sich). Sa steht beim 4. Fall (Akkusativ) und bedeutet „sich, mich, dich, uns, euch". Si steht beim 3. Fall (Dativ) und bedeutet „sich, mir, dir, uns, euch".

Umyjem si ruky.
(ich-)wasche sich Hände(4)
Ich wasche mir die Hände.

Umyje si ruky.
(er-)wäscht sich Hände(4)
Er wäscht sich die Hände.

Wenn ein deutsches Verb ein rückbezügliches Fürwort verlangt, kann man im Allgemeinen annehmen, dass auch das entsprechende slowakische Verb eines verlangt.

Uvidíme sa.
(wir-)sehen(v) sich
Wir sehen uns.

Stretnú sa v meste.
(sie-)treffen(v) sich in Stadt(6)
Sie treffen sich in der Stadt.

cítiť sa (cítim sa)	sich fühlen
ponáhľať sa (ponáhľam sa)	sich beeilen
rozlúčiť sa (rozlúčim sa) (v)	sich verabschieden
rozčúliť sa (rozčúlim sa) (v)	sich aufregen
zaľúbiť sa (zaľúbim sa) (do + 2. Fall) (v)	sich verlieben (in)

Im Slowakischen werden die rückbezüglichen Fürwörter viel häufiger gebraucht als im Deutschen, z. B. bei den folgenden Verben:

páčiť sa – páči sa	gefallen – es gefällt
dať (dám) sa (v)	möglich sein
učiť (učím) sa	lernen
pozrieť sa (v) **(pozriem sa)**	schauen, sehen
dať (dám) si	möchten
nechce sa	man hat keine Lust

To sa mi páči.
das sich mir(3) (es-)gefällt
Das gefällt mir.

Pozri sa!
schau(!,v) sich
Schau mal!

Dám si čaj?
(ich-)gebe sich Tee(4)
Ich möchte Tee.

To sa nedá.
das sich nicht-(es-)gibt(v)
Das ist nicht möglich.

Musím sa učiť.
(ich-)muss sich unterrichten
Ich muss lernen.

Nechce sa mi ísť.
nicht-(es-)will sich mir(3) gehen
Ich habe keine Lust zu gehen.

Der Ausdruck nechce sa ist immer unpersönlich (also unveränderlich) und wird nicht gebeugt!

Übrigens wird sa (sich) auch dann benutzt, wo man im Deutschen das Wort „man" sagen würde:

To sa nemôže.
das sich nicht-(man-)kann
Das kann man nicht machen.

Bindewörter

Die Bindewörter (Konjunktionen) werden in der Regel wie im Deutschen verwendet.

a	und	**preto**	deswegen
alebo	oder	**hoci**	obwohl
ale	aber	**kým**	bis (zeitlich)
pretože	denn	**až**	bis (zeitl./räuml.)
lebo	denn	**nech**	damit, um zu
tak, takže	also	**keď**	wenn, als (zeitl.)
že	dass	**ak**	wenn, falls
čo	was	**keby**	wenn
potom ako	nachdem	**aby**	damit, um zu
predtým ako	bevor	**ktorý**	welche(r, -s)

keby *und* aby *verlangen die Möglichkeitsform.*

Povedali, že prídu.
gesagt(Mz,v), dass (sie-)kommen
Sie haben gesagt, dass sie kommen.

Nevedel/nevedela som, že študuješ nemčinu.
nicht-gewusst(m/w) (ich-)bin, dass (du-)studierst Deutsch(4)
Ich habe nicht gewusst, dass du Deutsch studierst.

Myslím, že áno.	**Myslím, že nie.**	**Dúfam, že ...**
denke, dass ja	*denke, dass nein*	*hoffe, dass*
Ich glaube schon.	Ich glaube nicht.	Hoffentlich ...

Normalerweise bedeutet čo „was". Aber es hat eine zweite Funktion, und zwar als bezügliches Fürwort (Relativpronomen). In dieser Funktion bleibt es immer unverändert, z. B.:

Poznám tú ženu, čo tu býva.
(ich-)kenne die Frau(4), welche hier (sie-)wohnt
Ich kenne die Frau, die hier wohnt.

Es gibt auch ein weiteres bezügliches Fürwort: ktorý, aber čo (was) hat den Vorteil, dass es immer unveränderlich ist. Nech (damit) benutzt man in Nebensätzen, in denen man im Deutschen das Wort „sollen" verwenden würde.

Povedz mu, nech mi zavolá.
sag(!,v) ihm, damit mir(3) (er-)anruft(v)
Sag ihm, er soll mich anrufen.

Povedala, nech prídeme.
gesagt(w,v), damit (wir-)kommen(v)
Sie hat gesagt, wir sollen kommen.

Verneinung

Um Verben zu verneinen, hängt man die Silbe ne- (nicht; sprich: *„nje"*) direkt vor das jeweilige Verb.

viem	ich weiß	**neviem**	... nicht
prídem (v)	ich komme	**neprídem** (v)	... nicht

Nemôžeme prísť.
nicht-(wir-)können kommen(v)
Wir können nicht kommen.

Neboli sme tam.
nicht-gewesen(Mz) (wir-)sind dort
Wir waren nicht dort.

Zajtra nebudeme doma.
morgen nicht-(wir-)werden-sein zu-Hause(Umst.)
Morgen sind wir nicht zu Hause.

Bei der Vergangenheits- und Möglichkeitsform wird ne- *direkt vor das jeweilige Partizip gehängt.*

Videl/videla som ho. *gesehen(m/w) (ich-)bin ihn(4)*	Ich habe ihn gesehen.
Nevidel/nevidela som ho. *nicht-gesehen(m/w) (ich-)bin ihn(4)*	Ich habe ihn nicht gesehen.
boli by sme *gewesen(Mz) MÖGL. (wir-)sind*	wir wären
neboli by sme *nicht-gewesen(Mz) MÖGL. (wir-)sind*	wir wären nicht

Wenn byť (sein) selbständig in der Gegenwart steht (also nicht die Funktion eines Hilfsverbs hat), dann wird die Verneinung durch vorangestelltes nie (nein, nicht) gebildet.

ja nie som	*ich nicht (ich-)bin*	ich bin nicht
ty nie si	*du nicht (du-)bist*	du bist nicht

niemand, nichts ...

nik, nikto	niemand	**žiaden/-ny** (m)	keiner
nič	nichts	**žiadna** (w)	keine
nikdy	niemals	**žiadne** (s)	keines
nikde	nirgendwo	**nie**	nein/nicht
nikam	nirgendwohin		

Im Gegensatz zum Deutschen muss bei den besonderen Verneinungen zusätzlich das Verb (bzw. die Satzaussage) verneint werden:

Nikto nie je doma.
niemand nicht (er-)ist zu-Hause
Niemand ist zu Hause.

Ja som nič nerobil/nerobila.
ich (ich-)bin nichts nicht-gemacht(m/w)
Ich habe nichts gemacht.

Fragen

Man unterscheidet wie im Deutschen zwischen Entscheidungs- und Ergänzungsfragen.

Entscheidungsfragen

Entscheidungsfragen sind Fragen, auf die man nur mit Ja oder Nein antworten kann. Das Verb steht immer am Satzanfang. Die Satzstellung ist dieselbe wie im normalen Aussagesatz.

Der Satz wird durch das Anheben der Stimme am Satzende zur Frage.

Musíme tu čakať?
(wir-)müssen hier warten
Müssen wir hier warten?

Býva tu Tomáš?
(er-)wohnt hier Tomas
Wohnt Tomas hier?

Videl/videla ho?
gesehen(m/w) ihn(4)
Hat er/sie ihn gesehen?

Ergänzungsfragen

Ergänzungsfragen werden mit Fragewörtern gebildet. Man antwortet mit einem vollständigen Satz.

kto?	wer?	**prečo?**	warum?
koho?	wen?	**koľko?**	wie viel/lange?
komu?	wem?	**kde?**	wo?
s kým?	mit wem?	**kam?**	wohin?
mit wem(7)		**odkiaľ?**	woher?
ktorý?	welcher?	**kade?**	wie?, in welche
aký?	was für ein?		Richtung?
ako?	wie?	**kedy?**	wann?
čo?	was?, warum?	**o koľkej?**	um wie viel Uhr?
čože?	wie bitte?	*um wievielter(6)*	

Die Fragewörter stehen wie im Deutschen am Satzanfang.

Kde bývaš?
wo (du-)wohnst
Wo wohnst du?

Kedy pôjdeme?
wann (wir-)gehen
Wann gehen wir?

Čo tu robíš?
was hier (du-)machst
Was machst du da?

Kto je to?
wer (er-)ist das
Wer ist das?

Čo si robil/robila?
was (du-)bist gemacht(m/w)
Was hast du gemacht?

Koľko to stojí?
wieviel das (es-)kostet
Wie viel kostet das?

Fragen mit der Verneinungsform

Wenn man um etwas bittet, eine bestimmte Information haben möchte oder etwas anbietet, ist es üblich, mit einer verneinten Frage zu fragen.

Nemáš cigaretu?
nicht-(du-)hast Zigarette(4)
Hast du vielleicht eine Zigarette?

Nechceš kávu?
nicht-(du-)willst Kaffee(4)
Möchtest du vielleicht einen Kaffee?

Auffordern & Befehlen

Die Befehlsform ist ziemlich kompliziert. Es hat deshalb mehr Sinn, eine Liste der wichtigsten Befehlsformen zu lernen, als sich die Regeln einzuprägen.

Počkaj!	Warte mal!
Poď sem! (sprich „*pocem*“) *schau(!) sich*	Komm her!
Poďme!	Gehen wir!

Sadni si!	Setz dich!
setz(!) sich	
Prestaň!	Hör auf!
Príď!	Komm mal vorbei!
Zavolaj!	Ruf mal an!
Pozri sa!	Guck mal!
Jedz!	Iss!
Pi!	Trink!
Dopi!	Trink aus!
Daj si!	Nimm dir etwas!
gib(!) sich	

In der Wort-für-Wort-Übersetzung ist die Befehlsform durch ein Ausrufezeichen in Klammern gekennzeichnet.

Alle oben genannten Verben stehen im vollendeten Aspekt, außer Jedz! und Pi!.

Um die Mehrzahl und die höfliche Form dieser Ausdrücke zu bilden, hängt man die Endung -te (sprich: „*-tje*") an die Befehlsform Einzahl:

Počkajte!	Wartet! Warten Sie mal!
Poďte sem!	Kommt her! Kommen Sie her!
kommt(!) her	
Sadnite si!	Nehmen Sie Platz!
setzt(!) sich	

Die Befehlsform kann man umgehen, indem man die Aufforderung als Frage formuliert:

Podáš mi soľ?
(du-)gibst(v) mir(3) Salz(4)
Kannst du mir das Salz reichen?

Požičiaš mi tvoje pero?
(du-)leihst(v) mir(3) deinen(4) Kuli(4)
Kannst du mir deinen Kuli leihen?

Die 7 Fälle

Gebeugte Wörter sind mit den Zahlen von „2" (= 2. Fall) bis „7" (= 7. Fall) gekennzeichnet. Nicht gekennzeichnete Wörter stehen im 1. Fall (Nominativ), also so, wie sie in den Wörterlisten aufgeführt werden.

Dies ist vielleicht der schwierigste Teil der slowakischen Grammatik. Es gibt nämlich sieben Fälle (das Deutsche hat nur vier). Das Endungssystem für diese Fälle sieht zunächst komplizierter aus, als es in Wirklichkeit ist: Auch wenn es bei den Hauptwörtern neun verschiedene Beugungsmuster gibt, wird man bei genauerer Betrachtung feststellen, dass viele Endungen übereinstimmen. Eigenschaftswörter und Fürwörter werden ebenfalls gebeugt; die Endungen stimmen jedoch nicht immer mit denen der Hauptwörter überein.

1. Fall (Nominativ) Der **1. Fall** ist die „normale" Form. Alle Hauptwörter in den Wörterlisten stehen im 1. Fall.

2. Fall (Genitiv) Den **2. Fall** braucht man nach bestimmten Verhältniswörtern und um Besitzverhältnisse auszudrücken (z. B. „die Schwester meiner Mutter"). Außerdem verwendet man den 2. Fall bei Mengenangaben und bei allen Zahlen ab 5.

To je sestra mojej matky.
das (sie-)ist Schwester meiner(2) Mutter(2)
Das ist die Schwester meiner Mutter.

z Prahy do Bratislavy
von Prag(2) nach Bratislava(2)
von Prag nach Bratislava

3. Fall (Dativ) Der **3. Fall** steht vor allem nach Verben wie „geben", „sagen" oder „helfen", die übrigens auch im Deutschen den 3. Fall verlangen, und natürlich nach bestimmten Verhältniswörtern. Darüber hinaus verlangen auch die Verben zavolať (anrufen) und manchmal auch rozumieť (verstehen) den 3. Fall.

Katka mi to dala.
K. mir(3) das(4) gegeben(w)
Katka hat das mir gegeben.

Chcem ísť k lekárovi.
will gehen zu Arzt(3)
Ich will zum Arzt gehen.

4. Fall (Akkusativ)

Der **4. Fall** zielt auf das Objekt einer Handlung (Frage „wen?" oder „was?").

Der 4. Fall ist fast immer mit dem 1. Fall identisch.

Vidím tvoje auto.
(ich-)sehe dein(4) Auto(4)
Ich sehe dein Auto.

Prosím si jednu kávu.
bitte sich einen(4) Kaffee(4)
Ich möchte einen Kaffee.

Choď cez most!
geh(!) über Brücke(4)
Geh über die Brücke!

To je pre teba.
das ist für dich(4)
Das ist für dich.

5. Fall (Anredefall/Vokativ)

Der **5. Fall** ist immer identisch mit der Grundform. Es gibt nur zwei übliche Ausnahmen:

pán (Herr):	**boh** (Gott):
Pane!	**Bože! Bože môj! Pane bože!**
Herr!	Gott! Mein Gott! Herrgott!

6. Fall (Lokativ)

Der **6. Fall** steht nur nach bestimmten Verhältniswörtern, die auf einen „Ort" (oder auch eine Zeit) hinweisen, z. B.:

Bol/bola som v škole.
gewesen(m/w) (ich-)bin in Schule(6)
Ich war in der Schule.

Tvoje okuliare sú na stole.
deine(4) Brillen(4) (sie-)sind auf Tisch(6)
Deine Brille liegt auf dem Tisch.

7. Fall (Instrumental)

Der **7. Fall** bezeichnet die Person oder das Mittel, mit der/dem man etwas macht.

Prišiel/prišla som autobusom.
gekommen(m/w,v) (ich-)bin Bus(7)
Ich bin mit dem Bus gekommen.

so syrom
mit Käse(7)
mit Käse

pred chvíľou
vor Weile(7)
vor einer Weile

Beugung der Hauptwörter

Der 5. Fall wird nicht aufgeführt, da er mit dem 1. Fall identisch ist.

Hauptwörter werden nicht nur durch ihr grammatisches Geschlecht (männlich, weiblich, sächlich) unterschieden, sondern auch danach, ob ihr Stamm auf einem „weichen" oder „harten" Mitlaut endet!

männliche Hauptwörter

	„hart" **byt** (Wohnung)		**„weich"** **nôž** (Messer)		**„belebt"** **študent** (Student)	
1.	**byt-**	**byt-y**	**nôž-**	**nož-e**	**študent-**	**študent-i**
2.	**byt-u**	**byt-ov**	**nož-a**	**nož-ov**	**študent-a**	**študent-ov**
3.	**byt-u**	**byt-om**	**nož-u**	**nož-om**	**študent-ovi**	**študent-om**
4.	**byt-**	**byt-y**	**nôž-**	**nož-e**	**študent-a**	**študent-ov**
6.	**byt-e**	**byt-och**	**nož-i**	**nož-och**	**študent-ovi**	**študent-och**
7.	**byt-om**	**byt-mi**	**nož-om**	**nož-mi**	**študent-om**	**študent-mi**

Bei belebten männlichen Hauptwörtern wird nicht zwischen „hart" und „weich" unterschieden. Die belebten männlichen Hauptwörter enden im 1. Fall Mz meistens auf -i. Aber es gibt auch Ausnahmen!

weibliche Hauptwörter

	„hart" **študentka** (Studentin)		**„weich"** **ulica** (Straße)		**„belebt"** **zem** (Land)	
1.	**študen-ka**	**študent-ky**	**ulic-a**	**ulic-e**	**zem-**	**zem-e**
2.	**študent-ky**	**študent-iek**	**ulic-e**	**ulíc-**	**zem-e**	**zem-í**
3.	**študent-ke**	**študent-kám**	**ulic-i**	**ulic-iam**	**zem-i**	**zem-iam**
4.	**študent-ku**	**študent-ky**	**ulic-u**	**ulic-e**	**zem-**	**zem-e**
6.	**študent-ke**	**študent-kách**	**ulic-i**	**ulic-iach**	**zem-i**	**zem-iach**
7.	**študent-kou**	**študent-kami**	**ulic-ou**	**ulic-ami**	**zem-ou**	**zem-ami**

Einige weibliche Wörter, die auf einem Mitlaut enden, haben im 1. und 4. Fall Mz sowie im 2. Fall Ez immer die Endung -i statt -e, z. B. noc/noci (Nacht/Nächte) oder kosť/kosti (Knochen, Ez/Mz).

sächliche Hauptwörter

	„hart“ **mesto** (Stadt)		„weich“ **srdce** (Herz)		auf -ie **námestie** (Platz)	
1.	**mest-o**	**mest-á**	**srdc-e**	**srdc-ia**	**námest-ie**	**námest-ia**
2.	**mest-a**	**miest-**	**srdc-a**	**sŕdc-**	**námest-ia**	**námest-í**
3.	**mest-u**	**mest-ám**	**srdc-u**	**srdc-iam**	**námest-iu**	**námest-iam**
4.	**mest-o**	**mest-á**	**srdc-e**	**srdc-ia**	**námest-ie**	**námest-ia**
6.	**mest-e**	**mest-ách**	**srdc-i**	**srdc-iach**	**námest-í**	**námest-iach**
7.	**mest-om**	**mest-ami**	**srdc-om**	**srdc-ami**	**námest-ím**	**námest-iami**

Folgende sächliche Hauptwörter sind unregelmäßig: dievča/dievčatá (Mädchen), oko/oči (Auge), dieťa/deti (Kind), ucho/uši (Ohren).

Beugung der Eigenschaftswörter

	m Ez	**w Ez**	**s Ez**	**m/w/s Mz**
1.	**dobr-ý**	**dobr-á**	**dobr-é**	**dobr-é (-í)**
2.	**dobr-ého**	**dobr-ej**	**dobr-ého**	**dobr-ých**
3.	**dobr-ému**	**dobr-ej**	**dobr-ému**	**dobr-ým**
4.	**dobr-ý (-ého)**	**dobr-ú**	**dobr-é**	**dobr-é (-ých)**
6.	**dobr-om**	**dobr-ej**	**dobr-om**	**dobr-ých**
7.	**dobr-ým**	**dobr-ou**	**dobr-ým**	**dobr-ými**

Wer jetzt immer noch hungrig nach Endungen ist, der kann sich die Beugungsendungen der Eigenschaftswörter am Beispiel von dobrý *(gut) ansehen.*

Die Beugungsendungen der Eigenschaftswörter sind wesentlich regelmäßiger und überschaubarer als bei den Hauptwörtern. In der Mehrzahl unterscheiden sich die drei Geschlechter nicht. Lediglich zwei Ausnahmen gibt es für die belebten männlichen Formen; diese sind in Klammern angegeben, wenn sie von anderen Mehrzahlendungen abweichen.

Darüber hinaus gibt es auch Beugungsendungen für „weiche“ Eigenschaftswörter. Diese sind jedoch ziemlich selten (z. B. cudzí „fremd“). Die weiche Beugung ist sowieso mit der harten fast identisch: Die Endungen -á, -é, -ú, -ého bzw. -ému werden regelmäßig durch die Zwielaute -ia, -ie, -iu, -ieho bzw. -iemu ersetzt. Weiterhin wird -ý immer durch -í ersetzt (aber y und i werden sowieso gleich ausgesprochen). Die Endungen -ej, -ou und -om bleiben unverändert.

Wortstellung

Meistens steht das Verb (bzw. die Satzaussage) am Satzanfang, jedoch nicht immer. Manchmal steht da der Handelnde (wenn er ausdrücklich genannt wird) oder ein anderes Wort (zur besonderen Betonung). Dann stehen die kleinen, unbetonten Wörter zwischen dem ersten Wort und dem Verb.

Die slowakische Wortstellung ist der deutschen Wortstellung ähnlich. Es gibt nur ein paar wichtige Details, die man beachten sollte. Wenn die slowakische Wortstellung von der deutschen abweicht, dann meistens wegen der so genannten „kleinen, unbetonten“ Wörter. Diese Wörter haben nämlich eine besondere Stellung im Satz.

Die „kleinen, unbetonten“ Wörter sind to (das), už (schon), tu (hier), ešte (noch), tam (dort). Weiterhin fallen darunter die kurzen, unbetonten Formen der persönlichen Fürwörter (vgl. Kap. „Wem? oder Wen?“) sowie die rückbezüglichen Fürwörter si und sa (sich) (vgl. gleichnam. Kap.).

Čo tu robíš?
was hier (du-)machst
Was machst du hier?

Ja tu bývam.
ich hier (ich-)wohne
Ich wohne hier.

Včera mi zavolala.
gestern mir(3) angerufen(w,v)
Gestern hat sie mich angerufen.

Die kleinen, unbetonten Wörter können auch zwischen einem Modalverb und dem Vollverb stehen.

Nemôžeš to robiť.
nicht-(du-)kannst das(4) machen
Du kannst das nicht machen.

Musíš tu čakať v rade.
(du-)musst hier warten in Reihe(6)
Du musst hier in der Reihe warten.

In der Vergangenheit stehen die kleinen, unbetonten Wörter immer direkt nach dem Hilfsverb byť (sein).

Kúpil som ti zmrzlinu.
gekauft(m,v) (ich-)bin dir(3) Eis(4)
Ich habe dir Eis gekauft.

Včera som ho videla.
gestern (ich-)bin ihn(4) gesehen(w)
Gestern habe ich ihn gesehen.

Čo ste tam robili?
was (ihr-)seid dort gemacht(Mz)
Was habt ihr dort gemacht?

Und zum Schluss: ein Modalverb, ein Hilfsverb und ein kleines, unbetontes Wort im gleichen Satz.

Chceli sme ho navštíviť.
gewollt(Mz) (wir-)sind ihn besuchen(v)
Wir wollten ihn besuchen.

Včera sme ho chceli navštíviť.
gestern (wir-)sind ihn gewollt(Mz) besuchen(v)
Gestern wollten wir ihn besuchen.

Verhältniswörter

Wie im Deutschen verlangen Verhältniswörter einen bestimmten Fall. Das nachfolgende Hauptwort muss also richtig gebeugt werden. Trotzdem wird man meistens auch dann verstanden, wenn man einfach nur die Grundform (1. Fall) verwendet.

Manche Verhältniswörter mit einer örtlichen Bedeutung können zwei verschiedene Fälle verlangen, z. B. na („an" oder „auf"): na verlangt den 7. Fall, wenn es auf die Frage „Wo?" antwortet, aber es verlangt den 4. Fall, wenn es auf die Frage „Wohin?" antwortet. Ähnliches gilt für einige andere Verhältniswörter.

mit dem 2. Fall (Genitiv) stehen ...

z, zo	aus	**vedľa**	neben
do	in (hinein); nach (Richtung)	**u**	bei, an (Ort)
		bez, bezo	ohne
od, odo	von	**za**	während

Wenn das Verhältniswort nur eine Silbe hat, dann liegt die Betonung auf ihm und nicht auf dem Hauptwort. Die beiden Wörter werden dann wie ein einziges Wort ausgesprochen.

do mesta	**do kina**	**do Bratislavy**	**do Viedne**
in Stadt(2)	*in Kino(2)*	*nach Bratislava(2)*	*nach Wien(2)*
in die Stadt	ins Kino	nach Bratislava	nach Wien

mit dem 3. Fall (Dativ)

medzi	zwischen	**kvôli**	wegen
oproti	gegenüber	**napriek**	trotz
proti	gegen	**k, ku**	zu, nach (Richtg.)

kvôli meškaniu	**oproti stanici**
wegen Verspätung(3)	*gegenüber Bahnhof(3)*
wegen der Verspätung	gegenüber dem Bahnhof

pre	für (Personen)	**cez**	durch, über
na	für (Sachen, Zeit)	**za**	in (zeitl.)
o	um (Uhrzeit); in (zeitl.)	**v, vo**	an (Daten)

mit dem 4. Fall (Akkusativ)

na	auf, an (örtl.)	**po**	entlang

mit dem 4. oder 6. Fall (Lokativ)

nad	über (oberhalb)	**pred(o)**	vor (örtl.)
pod, podo	unter	**za**	hinter

mit dem 4. oder 7. Fall (Instrumental)

cez ulicu	*über Straße(4)*	über die Straße
na ulici	*auf Straße(6)*	auf der Straße
na Slovensko	*auf Slowakei(4)*	in die Slowakei
po meste	*entlang Stadt(6)*	um die Stadt
za rohom	*hinter Ecke(7)*	um die Ecke

Kniha leží na stole.
Buch liegt auf Tisch(6)
Das Buch liegt auf dem Tisch.

Položím knihu na stôl.
(ich-)lege Buch(4) auf Tisch(4)
Ich lege das Buch auf den Tisch.

v, vo	in (örtl.)	**po**	nach (zeitl.)
o	über (Thema)	**pri**	bei, neben

mit dem 6. Fall (Lokativ)

v meste	*in Stadt(6)*	in der Stadt
v kine	*in Kino(6)*	im Kino
v Bratislave	*in Bratislava(6)*	in Bratislava
na Slovensku	*in Slowakei(6)*	in der Slowakei
vo Viedni	*in Wien(6)*	in Wien

Bývam v Nemecku / v Rakúsku / vo Švajčiarsku.
(ich-)wohne in Deutschland(6) / in Österreich(6) / in Schweiz(6)
Ich wohne in Deutschland / in Österreich / in der Schweiz.

mit dem 7. Fall (Instrumental)

s, so	mit	**pred**	vor (zeitl.)

s kečupom	**Počkaj ma pred budovou!**
mit Ketchup(7)	*warte(!) mich(4) vor Gebäude(7)*
mit Ketchup	Warte auf mich vor dem Gebäude!

An manche Verhältniswörter wird ein -o angehängt, wenn sonst die Aussprache zu schwierig wäre; k (zu) wird allerdings zu ku, z. B.:

so mnou	**ku mne**	**vo štvrtok**
mit mir(7)	*zu mir(3)*	*am Donnerstag(4)*
mit mir	zu mir	am Donnerstag

Zahlen & Zählen

Zahlen können im Slowakischen gebeugt werden. Hier werden sie jedoch nur im 1. Fall aufgeführt, da man die gebeugten Zahlen so gut wie nie benötigt.

Grundzahlen

0	**nula**	5	**päť**
1	**jeden** (m), **jedna** (w), **jedno** (s)	6	**šesť**
2	**dva** (m/u), **dvaja** (m/b), **dve** (w,s)	7	**sedem**
3	**tri** (m/u,w,s), **traja** (m/b)	8	**osem**
4	**štyri** (m/u,w,s), **štyria** (m/b)	9	**deväť**

10	**desať**	15	**pätnásť**
11	**jedenásť**	16	**šestnásť**
12	**dvanásť**	17	**sedemnásť**
13	**trinásť**	18	**osemnásť**
14	**štrnásť**	19	**devätnásť**

10	**desať**	60	**šesťdesiat**
20	**dvadsať**	70	**sedemdesiat**
30	**tridsať**	80	**osemdesiat**
40	**štyridsať**	90	**deväťdesiat**
50	**päťdesiat**		

Die Zehner werden unregelmäßig gebildet.

100	**sto**	600	**šesťsto**
200	**dvesto**	700	**sedemsto**
300	**tristo**	800	**osemsto**
400	**štyristo**	900	**deväťsto**
500	**päťsto**		

Die Hunderter werden mit sto *(hundert) gebildet, das an die Grundzahl angehängt wird.*

1000	**tisíc**	6000	**šesťtisíc**
2000	**dvetisíc**	10.000	**desaťtisíc**
3000	**tritisíc**	100.000	**stotisíc**
4000	**štyritisíc**	1.000.000	**milión**
5000	**päťtisíc**		

Die Tausender werden gebildet, indem tisíc *(tausend) an die Grundzahl gehängt wird.*

21	**dvadsaťjeden**	101	**stojeden**
22	**dvadsaťdva**	1020	**tisícdvadsať**
23	**dvadsaťtri**	3425	**tritisícštyristodvadsaťpäť**

Bei Zusammensetzungen gilt die Reihenfolge 1000er, 100er, 10er und Einer.

einmal, zweimal ...

raz	einmal	**koľkokrát?**	wie viel Mal?
dvakrát	zweimal	**párkrát**	ein paar Mal
trikrát	dreimal	**ešte raz**	noch einmal
štyrikrát	viermal		

Bruchzahlen

pol	(ein)halb	**tretina**	Drittel
polka	(eine) Hälfte	**štvrť, štvrtina**	Viertel
polovica	(eine) Hälfte	**pätina**	Fünftel

Ordnungszahlen

Die Ordnungszahlen werden wie normale Eigenschaftswörter gebeugt, z. B.: prvý (m), prvá (w), prvé (s) *usw.*

1.	**prvý**	11.	**jedenásty**	10.	**desiaty**
2.	**druhý**	12.	**dvanásty**	20.	**dvadsiaty**
3.	**tretí**	13.	**trinásty**	30.	**tridsiaty**
4.	**štvrtý**	14.	**štrnásty**	40.	**štyridsiaty**
5.	**piaty**	15.	**pätnásty**	50.	**päťdesiaty**
6.	**šiesty**	16.	**šestnásty**	60.	**šesťdesiaty**
7.	**siedmy**	17.	**sedemnásty**	70.	**sedemdesiaty**
8.	**ôsmy**	18.	**osemnásty**	80.	**osemdesiaty**
9.	**deviaty**	19.	**devätnásty**	90.	**deväťdesiaty**
				100.	**stý**

Druhý *(zweiter) bedeutet auch „anderer" oder „ein anderer".*

To je na druhej strane.
das ist auf zweiter(6) Seite(6)
Das ist auf der anderen Seite.

Bus- & Zimmernummern

Eine weitere Art von Zahlen, die durch die Grundzahl und der Endung -ka gebildet wird, wird für das Nummerieren von Bus-, Straßenbahnlinien, Hotelzimmer usw. benötigt.

1 bis 10 wird unregelmäßig gebildet, ab 11 ist die Bildung jedoch regelmäßig.

jednotka	Einer	**sedmička**	Siebener
dvojka	Zweier	**osmička**	Achter
trojka	Dreier	**deviatka**	Neuner
štvorka	Vierer	**desiatka**	Zehner
pätka	Fünfer	**jedenástka**	Elfer
šestka	Sechser	**dvanástka**	Zwölfer

Die Zahlen von 11 bis 19 ersetzen dabei ihre Endung -násť durch -nástka. Runde Zahlen (20, 30, 40 usw.) ersetzen ihre Endung -dsať oder -desiat durch -dsiatka bzw. -desiatka. Bei zusammengesetzten Zahlen (21, 54 usw.) wird nur die letzte Ziffer durch die oben aufgeführten Formen ersetzt. Diese Zahlen werden dann wie normale weibliche Hauptwörter auf -a gebeugt.

(električka) jedenástka *(Straßenbahn) elfer*	die Elfer-Straßenbahn
(autobus) päťdesiatštvorka *(Bus) fünfzig-vierer*	der Vierundfünfziger-Bus
(izba) tristodvojka *(Zimmer) drei-hundert-zweier*	Zimmer 302

zählen

Das Zählen funktioniert im Slowakischen etwas anders als im Deutschen, und zwar braucht man zusätzlich den 2. Fall Mehrzahl (z. B. „fünf der Biere“):

Zahlwort	verlangt Beugung im ...
1	1. Fall Einzahl
2, 3, 4	1. Fall Mehrzahl
alle Zahlen ab 5	2. Fall Mehrzahl

jedno pivo / dve pivá / päť pív
ein(s) Bier(1,Ez)/zwei(s) Biere(1,Mz)/fünf Biere(2,Mz)
ein Bier / zwei Biere / fünf Biere

jeden liter *ein(m) Liter(1,Ez)*	**dva litre** *zwei(m) Liter(1,Mz)*	**sedem litrov** *sieben Liter(2,Mz)*
jeden muž *ein(m) Mann(1,Ez)*	**traja muži** *drei(m/b) Männer(1,Mz)*	**veľa mužov** *viele Männer(2,Mz)*
jedna žena *eine(w) Frau(1,Ez)*	**štyri ženy** *vier Frauen(1,Mz)*	**niekoľko žien** *einige Frauen(2,Mz)*
jedno auto *ein(s) Auto(1,Ez)*	**dve autá** *zwei(s) Autos(1,Mz)*	**desať áut** *zehn Autos(2,Mz)*

Maße & Mengenangaben

Im Slowakischen verlangen alle (!) Mengenangaben den 2. Fall (Genitiv). Dies gilt nicht nur für Maßangaben wie „Liter", „Meter" oder „Kilo", sondern auch für unbestimmte Mengenangaben wie „viel", „wenig", „einige", „halb" usw. (Im Slowakischen sind diese Mengenangaben Hauptwörter!)

veľa	viel	**málo**	wenig
viac	mehr	**menej**	weniger
koľko?	wie viel?	**toľko**	so viel
niekoľko	einige	**trošku**	ein bisschen
pár	ein paar	**priveľa**	zuviel

centimeter	**meter**	**kilometer**
Zentimeter	Meter	Kilometer

deko	10 g	**dve kilá**	zwei Kilos
zehn-Gramm		*zwei Kilos(Mz)*	
dvadsať deka	200 g	**pol kila**	ein ½ Kilo
zwanzig zehn-Gramm(2,Mz)		*halbes Kilo(2)*	
pätnásť deka	150 g	**štvrť kila**	ein ¼ Kilo
fünfzehn zehn-Gramm(2,Mz)		*Viertel Kilo(2)*	
kilo	Kilo		

liter	Liter	**päť deci**	0,5 l
pol litra	½ Liter	*fünf Deziliter(2,Mz)*	
halbes Liter(2)		**pohár**	Glas
dva deci	0,2 l	**fľaša**	Flasche
zwei(m/u) Deziliter(2,Mz)		**fľaška**	kl. Flasche

Auch Wörter wie „Flasche", „Glas", „Paket" oder „Stück" verlangen den 2. Fall!

kus	Stück	**balík**	Paket
dva kusy	zwei Stück	**balíček**	Päckchen
zwei(m/u) Stücke(2,Mz)		**polka**	Hälfte
kúsok	Stückchen		

kilo syra
Kilo Käse(2)
ein Kilo Käse

kúsok chleba
Stückchen Brotes(2)
ein Stückchen Brot

liter vody
Liter Wasser(2)
1 l Wasser

šálka kávy
Tasse Kaffee(2)
eine Tasse Kaffee

Koľko banánov?
wieviel Bananen(2,Mz)
Wie viele Bananen?

Kilo pomarančov.
Kilo Orangen(2,Mz)
Ein Kilo Orangen.

Wenn es um mehrere Dinge geht, verwendet man den 2. Fall Mehrzahl.

Dve kilá paradajok.
zwei Kilos(Mz) Tomaten(2,Mz)
Zwei Kilo Tomaten.

Pol kila salámi.
halb Kilo(2) Salami(2)
Ein ½ Kilo Salami.

Nemám veľa času.
nicht-(ich-)habe viel Zeit(2,Ez)
Ich habe nicht viel Zeit.

Koľko tam bolo ľudí?
wieviel dort gewesen(s) Leute(2,Mz)
Wie viele Leute waren dort?

Da das Slowakische keinen unbestimmten Artikel hat, ist es sinnvoll, die Grundzahl jeden/jedna/jedno („ein", m/w/s) zu verwenden, wenn man nur *ein* Stück, *ein* Kilo oder *ein* Glas bestellt.

Žiaden (keiner) und každý (jeder) sind im Slowakischen Eigenschaftswörter und verlangen deswegen den 2. Fall nicht!

žiaden/-ny (m)	keine(r,s)	**každý** (m)	jede(r,s)
žiadna (w)		**každá** (w)	
žiadne (s)		**každé** (s)	

Zeit & Datum

Auch in diesem Kapitel bleibt es Ihnen nicht erspart, sich mit den Fällen auseinander zu setzen.

wichtige Zeitangaben

teraz	jetzt	**už nie**	nicht mehr
hneď	sofort	**nikdy**	niemals
vtedy	dann	**zriedka**	selten
práve	eben	**málokedy**	selten
skoro	früh, bald	**niekedy**	manchmal
predtým	vorher, früher	**často**	oft
skôr	früher	**stále**	ständig
neskoro	spät	**vždy**	immer
potom	später/nachher	**inokedy**	anderes Mal
neskôr	später	**niekedy**	irgendwann
dávno	lange her	**inokedy**	anders
už	schon	**kedy-tedy**	v. Zeit zu Zeit
ešte	noch (immer)	*wann-dann*	
ešte stále	immer noch	**minule**	voriges Mal
ešte nie	noch nicht	**nabudúce**	nächstes Mal

predvčerom		vorgestern
včera		gestern
dnes, dneska		heute
zajtra		morgen
pozajtra		übermorgen
v noci	*in Nacht(6)*	in der Nacht, nachts
cez deň	*durch Tag(4)*	während des Tages
celý deň	*ganzer Tag(4)*	den ganzen Tag
doobeda		vor dem Mittagessen
poobede		nach dem Mittagessen

ráno	Morgen(s)	**minúta**	Minute
dopoludnie	Vormittag(s)	**hodina**	Stunde
poludnie	Mittag(s)	**deň**	Tag
popoludnie	Nachmittag(s)	**týždeň**	Woche
večer	Abend(s)	**mesiac**	Monat
noc	Nacht	**rok**	Jahr

Uhrzeit

Neviete, koľko je hodín?
nicht-(Ihr-)wisst, wieviel ist Stunden(2,Mz)
Können Sie mir sagen, wie spät es ist?

Achtung: In der Antwort steht für die Stunden 2, 3 und 4 Uhr sú ... hodiny *(„sie sind ... Stunden(Mz)"); für alle anderen Uhrzeiten heißt es* je ... hodín *(„es ist ... Stunden(2,Mz)"). Ausnahme ist „ein Uhr".*

Je jedna hodina. *(es-)ist eine(w) Stunde*	Es ist ein Uhr.
Sú dve hodiny. *(sie-)sind zwei(w) Stunden*	Es ist zwei Uhr.
Je päť hodín. *(es-)ist fünf Stunden(2,Mz)*	Es ist fünf Uhr.

Will man sich für eine bestimmte Uhrzeit (volle Stunde) verabreden, gibt man die Uhrzeit mit einer Ordnungszahl an. Die Endung der Ordnungszahl (-ý, -y, -í) wird durch -ej (Endung 6. Fall!) ersetzt.

Kedy sa stretneme?
wann sich (wir-)treffen(v)
Wann treffen wir uns?

o jednej	**o druhej**	**o piatej**
um erster(6)	*um zweiter(6)*	*um fünfter(6)*
um ein Uhr	um zwei Uhr	um fünf Uhr

Für die Angabe „halb" braucht man auch Ordnungszahlen mit der Endung -ej (Endung 2. Fall!):

Bei allen anderen Zeitangaben ist es egal, ob es um die Uhrzeit oder um eine verabredete Zeit geht.

(o) pol ôsmej	**(o) pol druhej**
(um) halb achter(2)	*(um) halb zweiter(2)*
(um) halb acht	(um) halb zwei

Für die Angabe der Viertelstunden braucht man die Grundzahlen. Man zählt immer bis zur nächsten vollen Stunde. Es gibt kein „vor“ oder „nach“, sondern nur „Viertel auf“ und „drei-Viertel auf“.

(o) štvrť na deväť	**(o) tri štvrte na päť**
(um) Viertel auf neun(4)	*(um) drei Viertel auf fünf(4)*
(um) Viertel nach acht	(um) Viertel vor fünf

Die einfachste Art, die Uhrzeit anzugeben, ist jedoch, nur die Stunde und die Minuten in Grundzahlen anzugeben.

desať pätnásť	**štrnásť tridsať**	**deväť tridsaťpäť**
zehn fünfzehn	*vierzehn dreißig*	*neun dreißig-fünf*
10 Uhr 15	14 Uhr 30	9 Uhr 35

o/za desať minút *in/in zehn(4) Minuten(2,Mz)*	in zehn Minuten
o/za chvíľu *in/in Weile(4)*	nach (einer) Weile
o/za hodinu *in/in Stunde(4)*	nach (einer) Stunde

Monate

január	Januar	**júl**	Juli
február	Februar	**august**	August
marec	März	**september**	September
apríl	April	**október**	Oktober
máj	Mai	**november**	November
jún	Juni	**december**	Dezember

Wochentage

pondelok	Montag	**piatok**	Freitag
utorok	Dienstag	**sobota**	Samstag
streda	Mittwoch	**nedeľa**	Sonntag
štvrtok	Donnerstag		

„An“ und „in“ in Ausdrücken wie „am Montag“ oder „im Januar“ werden mit v oder vo übersetzt. Der Monat wird dann im 6. Fall, der Wochentag im 4. Fall gebeugt. V wird wie „f“ ausgesprochen, wenn es vor einem stimmlosen Mitlaut steht. Zum Beispiel: v januári (im Januar), vo februári (im Februar), v pondelok (am Montag), v utorok (am Dienstag).

Jahreszeiten

jar	Frühling	**jeseň**	Herbst
leto	Sommer	**zima**	Winter

na jar	*auf Frühling(4)*	im Frühling
v lete	*in Sommer(6)*	im Sommer
na jeseň	*auf Herbst(4)*	im Herbst
v zime	*in Winter(6)*	im Winter

Datum

Bei der Datumsangabe steht die Ordnungszahl und der Monat im 2. Fall. Die Ordnungszahl bekommt die Endung -ého (m, Ez, 2) und der Monat die Endung -a.

utorok, tridsiateho marca
Dienstag, dreißigsten(2) März(2)
Dienstag, den 30. März

streda, štrnásteho augusta
Mittwoch, vierzehnten(2) August(2)
Mittwoch, den 14. August

tisíc deväťsto deväťdesiat tri
tausend neunhundert neunzig drei
1993

Kurz-Knigge

Die Slowakei ist ein mitteleuropäisches Land und teilt die **Kultur und Bräuche** seiner Nachbarn. Man braucht sich also nicht an eine fremdartige Verhaltensweise oder Gestik zu gewöhnen.

Slowaken sind gegenüber Fremden im Allgemeinen freundlich und aufgeschlossen. Man sollte sich nicht täuschen, wenn sich die Leute auf der Straße und in den Läden ein bisschen schroff benehmen. Wenn man mit Slowaken redet oder sie um Hilfe bittet, dann zeigen sie sich nett und kontaktfreudig. Die Grenzen sind schon längst geöffnet, aber für viele Leute ist der Kontakt mit Ausländern etwas Neues (besonders in kleineren Städten und Dörfern). Man braucht sich nicht sonderlich bemühen, um neue **Bekanntschaften** zu schließen.

Man lässt sich sehr gerne zum Bier oder Kaffee einladen - aber aller Wahrscheinlichkeit nach werden es die Slowaken sein, die Sie einladen. Slowaken sind begeisterte **Gastgeber.** Beim Hausbesuch werden Essen und Getränke reichlich aufgetischt. Man sollte sich nicht schämen, auch reichlich zu essen, sonst meinen die Gastgeber, es habe nicht geschmeckt.

Bei den meisten Leuten ist es Brauch, sich die **Schuhe auszuziehen,** bevor man eine Wohnung betritt. Dieser Aufforderung sollte man als Gast auch dann nachkommen, wenn die Gastgeber behaupten, es sei nicht notwendig. Hausschuhe stehen bereit.

Es gibt wesentliche **wirtschaftliche Unterschiede** zwischen Ost und West. Der Durchschnittsmensch aus dem Westen hat wegen des Wechselkurses viel mehr Geld zur Verfügung als ein Durchschnittsmensch aus dem Osten. Wenn ein Ausländer etwas mit seinen Bekannten im Osten unternimmt, sollte er deswegen taktvoll sein. Was Ausländer preiswert erstehen können, ist für die Einwohner recht teuer.

Betrachten Sie Schwierigkeiten lieber als eine Gelegenheit, etwas zu lernen und einige Erfahrungen mit den neuen Bekannten zu teilen.

Man sollte nicht alles **kritisieren,** was man als umständlich oder unangenehm empfindet – die Slowaken kennen selber die Probleme ihres Landes.

Manchmal muss man sich bemühen, um mit Slowaken auf **Slowakisch** zu reden. Nach der Revolution haben Kellner und Verkäufer Deutsch gelernt, damit sie sich mit Deutschsprechenden verständigen können. Fast alle Schüler und Studenten lernen jetzt Deutsch oder Englisch und nutzen jede Gelegenheit um zu üben. Und viele ältere Leute, die vor dem Zweiten Weltkrieg geboren wurden, können sowieso ein bisschen Deutsch sprechen.

Namen & Anrede

Bei der Anrede setzt man die folgenden Bezeichnungen vor den Familiennamen:

pán	**pani**	**slečna**
Herr	Frau	Fräulein
Milan Kollár	**pán profesor**	**Juraj Kováč**
Milan Kollár	Herr Professor	Juraj Kováč

Namen und Titel funktionieren genauso wie im Deutschen: erst (evtl.) der Titel (titul), *dann der Vorname* (krstné meno), *zum Schluss der Familienname* (priezvisko). *Der Familienname wird vom Vater geerbt.*

Für Frauen wird immer die Endung -ová an den Familiennamen angehängt. Das gilt auch für Ausländer, wie z. B. „Margaret Thatcherová" oder „Steffi Graffová". Außerdem wird an alle Berufstitel und -bezeichnungen die Endung -ka angehängt, wenn sie sich auf eine Frau beziehen.

Katarína Kollárová	Katarína Kollárová
pani profesorka Ivana Jankovičová	Frau Professorin Ivana Jankovičová

Manche männliche Familiennamen enden auf -ý, die weibliche Form des Familiennamens endet dann auf -á.

Ľubomír Šťastný	**Petra Šťastná**

pani učiteľka!	Frau Lehrerin!
pán hlavný!	Herr Ober!
pán riaditeľ!	Herr Direktor!
pán šofér!	Herr Chauffeur! (Bus od. Taxi)

Wenn auch Ihr Name eine entsprechende Verkleinerungssilbe erhält, ist dies ein Zeichen von Zuneigung.

Vornamen werden im Slowakischen oft „verkleinert“: Tomáš wird z. B. Tomáško, Mária wird Marika, Maryša oder auch Majka, Matej wird Maťko, Katarína wird Katka, Martina wird Martinka oder Tinka usw. usw.

In Läden, mit Fremden auf der Straße und mit älteren Leuten verwendet man die höfliche Anrede, die mit der Verbform für die 2. Person Einzahl („ihr“) identisch ist. Studenten und junge Leute duzen sich. Erwachsene sollte man siezen, aber viele Slowaken duzen einfach, wenn sie jemanden nett finden.

Begrüßen & Verabschieden

Leute, die sich siezen, verwenden die offizielleren Ausdrücke Dobrý deň!, Dobrý večer!, Do videnia! Ist man vertrauter und duzt man sich, sagt man Ahoj!, Nazdar!, Čau! Redet man mehrere Personen an, sagt man auch Ahojte! oder Čaute!

Bozkávam *(Küss die Hand!) sagen Männer zu Frauen. Es wird als ziemlich höflich empfunden.*

Dobrý deň!	Guten Tag!
Dobrý deň, prajem! *guten(4) Tag(4), (ich-)wünsche*	Einen guten Tag, wünsche ich!
Dobrý večer!	Guten Abend!
Ahoj!, Nazdar!	Hallo!, auch: Tschüss!
Čau!	Tschau!, auch: Hallo!
Bozkávam. *(ich-)küsse*	Küss die Hand! (für Begrüßung und Abschied)

Do videnia! *auf Wiedersehen(2)*	Auf Wiedersehen!
Dobrú noc! *gute(4) Nacht(4)*	Gute Nacht!
Maj sa pekne! *hab(!) sich schön(Umst.)*	Mach's gut!
Ahoj!, Nazdar!, Čau!	Tschüss!, Tschau!
Musím ísť. *(ich-)muss gehen*	Ich muss gehen.
Ponáhľam sa. *(ich-)beeile sich*	Ich hab's eilig.
Ahoj zatiaľ! *hallo vorläufig*	Tschüss, bis später!

Bitten, Danken, Wünschen

Wenn man in einem Restaurant oder in einer Kneipe etwas bestellen möchte, leitet man die Bitte mit prosím si ein.

bitten

Prosím si jedno pivo.
(ich-)bitte sich ein(s,4) Bier(4)
Ein Bier, bitte.

Prosím si dve šálky kávy.
(ich-)bitte sich zwei(w,4) Tassen(4) Kaffee(2)
Zwei Tassen Kaffee, bitte.

Für Bitte als Aufforderung („Bitte, tun Sie ...!") kombiniert man das Modalverb môcť *(können), mit der Grundform eines Verbs.*

Prosím, sadni si!
(ich-)bitte, setz(!) sich
Bitte setz dich!

Nech sa páči, sadnite si!
damit sich (es-)gefällt, setzt(!) sich
Bitte setzen Sie sich!

Môžem ťa/Vás poprosiť, ...
(ich-)kann dich(4)/Euch(4) erbitten
Wenn ich dich/Sie bitten darf, ...

Môžete mi pomôcť?
(Ihr-)könnt mir(3) helfen
Können Sie mir helfen?

Dajte mi ..., prosím Vás! (+ 4. Fall)
gebt(!) mir(3) ..., (ich-)bitte Euch(4)
Geben Sie mir bitte ...!

Prosím Vás, doneste nám ešte ...! (+ 4. Fall)
(ich-)bitte Euch(4), bringt(!) uns(3) noch
Bringen Sie uns bitte noch ...!

Noch höflicher ist es, môcť *(können) oder* chcieť *(wollen) mit der Möglichkeitsform zu kombinieren.*

Mohli by ste mi povedať, ...
gekonnt(Mz) MÖGL. (Ihr-)seid mir(3) sagen
Könnten Sie mir bitte sagen, ...

Mohli by ste to napísať?
gekonnt(Mz) MÖGL. (Ihr-)seid das(4) aufschreiben
Könnten Sie das bitte aufschreiben?

Um eine Erlaubnis zu erhalten, braucht man ebenfalls eine Modalkonstruktion mit môcť *(können).*

Môžem tu fajčiť?
(ich-)kann hier rauchen
Kann ich hier rauchen?

Môžem si sem sadnúť?
(ich-)kann sich hierhin setzen
Darf ich mich hier hinsetzen?

Prosím, zober/zoberte si ... (+ 4. Fall)
(ich-)bitte, nimm(!,v)/nehmt(!,v)
Bitte, nimm/nehmen Sie ...!

„Bitte" als Gewährung („Bitte, nehmen Sie!")

Prosím!	*(ich-)bitte*	Bitte(schön)!
Nech sa páči!	*damit sich (es-)gefällt*	Bitteschön!
Páči sa!	*(es-)gefällt sich*	Bitteschön!

Die höflichste Art, „Bitteschön" zu sagen, ist Nech sa páči! oder kürzer Páči sa! Die Slowaken sagen es zu jeder Gelegenheit (zu Hause, auf der Straße, in den Läden), besonders dann, wenn man jemandem etwas anbietet, etwas gibt oder einen Platz frei macht.

danken

Ďakujem! *(ich-)danke*	Danke!
Díky!/Vďaka!	Danke!
Ďakujem pekne! *(ich-)danke schön(Umst.)*	Dankeschön!
Ďakujem za pozvanie! *(ich-)danke für Einladung(4)*	Danke für die Einladung!

Als Antwort auf „Danke!" sagt man „Keine Ursache!":

Za málo!
für wenig(Umst.)

Nemáš za čo!
nicht-(du-)hast für was

sich entschuldigen

Pardón!	**Prepáč!**	**Prepáčte!**
Entschuldigung!	Verzeih!	Verzeihen Sie!

Je mi ľúto!	**Mrzí ma to!**
(es-)ist mir(3) leid	*(es-)bedauert mich(4) das*
Es tut mir Leid!	Ich bedaure es!

To som nechcel/nechcela!
das (ich-)bin nicht-gewollt(m/w)
Das habe ich nicht mit Absicht gemacht!

Prepáčte, že meškám!
verzeiht(!,v), dass (ich-)verspäte
Entschuldigen Sie die Verspätung!

Prepáčte, že vyrušujem!
verzeiht(!,v), dass (ich-)störe
Entschuldigen Sie die Störung!

wünschen

Pekný víkend!	Schönes Wochenende!
schönes(4) Wochenende(4)	
Veľa šťastia!	Viel Glück!
viel Glück(2)	
Šťastnú cestu!	Gute Fahrt!
gute(4) Fahrt(4)	
Spi dobre!	Schlaf gut!
schlaf(!) gut(Umst.)	
Peknú zábavu!	Viel Vergnügen!
schönes(4) Vergnügen(4)	
Držím ti palce!	Ich drücke dir die Daumen!
(ich-)drücke dir(3) Daumen	
Drž mi palce!	Drück mir die Daumen!
drück(!) mir(3) Daumen	

Prajem ti/Vám ... (+ 4. Fall) *(ich-)wünsche dir(3)/Euch(3)*	Ich wünsche dir/ Ihnen ...
všetko najlepšie ... *alles beste(4)*	alles Beste
veľa úspechov ... *viel Erfolge(2,Mz)*	viel Erfolg
veľa šťastia ... *viel Glück(2)*	viel Glück
veľa zdravia ... *viel Gesundheit(2)*	viel Gesundheit
... a veľa lásky ... *und viel Liebe(2)*	und viel Liebe
... k narodeninám! *zu Geburtstagen(3,Mz)*	zum Geburtstag!
... k meninám! *zu Namenstagen(3,Mz)*	zum Namenstag!

Namenstage sind in der Slowakei ebenso wichtig wie Geburtstage, besonders außerhalb der Familie (am Arbeitsplatz oder in der Schule). Zum Namenstag kann man nämlich denjenigen Leuten gratulieren, deren Geburtstag man nicht kennt.

Weitere Glückwünsche zu Feiertagen:

Veselé Vianoce!	Frohe Weihnachten!
Šťastný nový rok! *glückliches neues Jahr*	Alles Gute im neuen Jahr!
Pekné sviatky!	Schöne Feiertage!
Veselú veľkú noc! *frohe große Nacht*	Frohe Ostern!

Glückwunsch zur Hochzeit:

Veľa zdravia na novej spoločnej ceste životom!
viel Gesundheit(2) auf neuem(6) gemeinsamen(6) Weg(6) Leben(7)
Viel Gesundheit auf dem neuen gemeinsamen Weg durchs Leben!

Das erste Gespräch

Bei einem ersten Gespräch werden Fragen nach Name, Herkunft etc. ausgetauscht.

Ako sa voláš?
wie sich (du-)nennst
Wie heißt du?

Som Peter.
(ich-)bin Peter
Ich heiße Peter.

Odkiaľ si?
woher (du-)bist
Woher kommst du?

Som z Nemecka / z Rakúska / zo Švajčiarska.
(ich-)bin aus Deutschland(2) / aus Österreich(2) / aus Schweiz(2)
Ich bin aus Deutschland / aus Österreich / aus der Schweiz.

A z ktorého mesta?
und aus welcher(2) Stadt(2)
Aus welcher Stadt?

Som z ... (+ 2. Fall)		Ich bin aus ...	
(ich-)bin aus			
Berlína	Berlin	**Kolína**	Köln
Bratislavy	Bratislava	**Mníchova**	München
Brna	Brünn	**Prahy**	Prag
Frankfurtu	Frankfurt	**Viedne**	Wien
Hamburgu	Hamburg	**Zurichu**	Zürich
Košíc	Kaschau		

Koľko si tu?
wieviel (du-)bist hier
Wie lange bist du schon hier?

Tri dni / dva týždne.
drei Tage / zwei Wochen
Drei Tage / zwei Wochen.

Prečo si prišiel/prišla sem?
warum (du-)bist gekommen(m/w,v) hierher
Warum bist du hierher gekommen?

Čo tu robíš?
was hier (du-)machst
Was machst du hier?

Som na dovolenke.
(ich-)bin auf Urlaub(6)
Ich mache Urlaub.

Som tu obchodne.
bin hier geschäftlich(Umst.)
Ich bin geschäftlich hier.

Kde pracuješ?
wo (du-)arbeitest
Wo arbeitest du?

Čo robíš?
was (du-)machst
Was ist dein Beruf?

Pracujem v kancelárii / v obchode.
(ich-)arbeite in Büro(6) / in Laden(6)
Ich arbeite in einem Büro / in einem Laden.

Som ... *(ich-)bin*	Ich bin ...
zamestnanec/ zamestnankyňa	Angestellte/r
pracovník/pracovníčka	Arbeiter/in
nezamestnaný/ nezamestnaná	arbeitslos
lekár/lekárka	Arzt/Ärztin
roľník/roľníčka	Bauer/Bäuerin
úradník/úradníčka	Büroangestellte/r
šéf/šéfka	Chef/in
riaditeľ/riaditeľka	Direktor/in
obchodník/obchodníčka	Geschäftsmann/-frau
žena v domácnosti	Hausfrau
inžinier/inžinierka	Ingenieur/in

Nach dem Schrägstrich steht jeweils die weibliche Variante der Berufsbezeichnung.

novinár/novinárka	Journalist/in
právnik/právnička	Jurist/in
umelec/umelkyňa	Künstler/in
učiteľ/učiteľka	Lehrer/in
menežér/menežérka	Manager/in
žiak/žiačka	Schüler/in
študent/študentka	Student/in
predavač/predavačka	Verkäufer/in
vedec/vedkyňa	Wissenschaftler/in

Koľko máš rokov?
wieviel (du-)hast Jahre(2,Mz)
Wie alt bist du?

Mám dvadsaťtri.
(ich-)habe zwanzig-drei
Ich bin dreiundzwanzig.

Kde bývaš?
wo (du-)wohnst
Wo wohnst du?

Bývam v hoteli / v internáte / u priateľov.
(ich-)wohne in Hotel(6) / in Wohnheim(6) / bei Freunden(2)
Ich wohne im Hotel / im Wohnheim / bei Freunden.

Páči sa ti tu?
gefällt sich dir(3) hier
Gefällt es dir hier?

Áno, páči sa mi tu.
ja, gefällt sich mir(3) hier
Ja, es gefällt mir hier.

Veľmi sa mi tu páči.
sehr sich mir(3) hier (es-)gefällt
Es gefällt mir sehr.

Floskeln & Redewendungen

Wer diese Floskeln beherrscht, wird einige Anerkennung ernten.

Čo si myslíš/myslíte? *was sich (du-)denkst/(Ihr-)denkt*	Was meinst du / meinen Sie?
To sa nedá. *das sich nicht-(es-)gibt(v)*	Das geht nicht. / Das ist unmöglich.
Čo povieš/poviete na to? *was (du-)sagst(v)/(Ihr-)sagt(v) für das*	Was sagst du/ sagen Sie dazu?
Podľa mňa ... *nach meiner(2)*	Meiner Meinung nach ...
Nemáš/Nemáte pravdu. *nicht-(du-)hast/nicht-(Ihr-)habt Wahrheit*	Du hast / Sie haben nicht Recht.
(Ne)súhlasím. *(nicht-)(ich-)übereinstimme*	Ich bin (nicht) einverstanden.
To je jedno. *das ist eins(s)*	Das ist egal.
Čo ja viem! *was ich (ich-)weiß*	Was weiß ich!
V poriadku! *in Ordnung(6)*	In Ordnung!
Ale prosím ťa! *aber (ich-)bitte dich(4)*	Ich bitte dich! (= Ach, geh!)
To vôbec nevadí! *das überhaupt nicht-(es-)stört*	Das macht doch nichts!
Nechce sa mi. *nicht-(es-)will sich mir(3)*	Ich habe keine Lust.
Uvidíme. *(wir-werden-)sehen(v)*	Mal sehen.
Neverím. *nicht-(ich-)glaube*	Ich glaube es nicht.

No určite! *ja bestimmt(Umst.)*	Ja, bestimmt! (ironisch)
No vidíš! *ja (du-)siehst*	Na, siehst du!
Čo je? *was (es-)ist*	Was ist los?
Jak je to možné? *wie (es-)ist das möglich(s)*	Wie ist das möglich?
To je strašné! *das (es-)ist furchtbar(s)*	Das ist furchtbar!
Čo ti šibe? *was dir(3) (es-)spinnt*	Du spinnst doch!
Daj mi pokoj! *gib(!,v) mir(3) Ruhe(4)*	Lass mich in Ruhe!
Už nevládzem! *schon nicht-(ich-)vermöge*	Ich kann nicht mehr!

ale áno!	*aber ja*	doch!
ale nie!	*aber nein*	doch nicht!
aj ja!	*auch ich*	ich auch!
ani ja!	*auch-nicht ich*	ich auch nicht!

Unterwegs

Hier die wichtigsten Floskeln, um sich in einer fremden Stadt erst mal zu orientieren.

... in der Stadt

Prosím Vás pekne ...
(ich-)bitte Euch(4) schön(Umst.)
Entschuldigen Sie bitte ...

... kde je staré mesto?
... wo (sie-)ist Altstadt
... wo ist die Altstadt?

diaľnica	Autobahn	**krčma**	Kneipe
banka	Bank	**cukráreň**	Konditorei
knižnica	Bibliothek	**konzulát**	Konsulat
bufet	Buffet	**obchod**	Laden
hrad	Burg	**múzeum**	Museum
kancelária	Büro	**polícia**	Polizei
autobusová stanica	Busbahnhof	**pošta**	Postamt
kaviareň	Café	**reštaurácia**	Restaurant
cintorín	Friedhof	**škola**	Schule
hlavná stanica	Hauptbahnhof	**stred/centrum mesta**	Stadtzentrum
dom	Haus	**synagóga**	Synagoge
kino	Kino	**divadlo**	Theater
kostol	Kirche	**vináreň**	Weinstube

Mit bufet *ist ein Imbiss gemeint.*

Hľadáme nemecký konzulát.
(wir-)suchen deutsches(4) Konsulat(4)
Wir suchen das deutsche Konsulat.

Ako ďaleko je to odtiaľto?
wie weit(Umst.) ist das von-hier
Wie weit ist das von hier?

Nemôžete to ukázať na mape/pláne mesta?
nicht-(Ihr-)könnt das(4) zeigen(v) auf Karte(6)/ Plan(6) Stadt(2)
Könnten Sie das bitte auf der Karte / dem Stadtplan zeigen?

Je tu blízko reštaurácia?
(es-)ist hier nah(Umst.) Restaurant
Ist hier in der Nähe ein Restaurant?

Neviem, prepáčte.
nicht-(ich-)weiß, verzeiht(!,v)
Ich weiß nicht, Verzeihung!

Orientierung/Richtungshinweise

Richtungshinweise sind schwierig zu geben und zu verstehen, auch in der eigenen Sprache. Falls man darauf angewiesen ist, sich auf Slowakisch zu verständigen, hier einige der wichtigsten Hinweise.

semafor	Ampel	**ulica**	Straße
most	Brücke	**podchod**	Unterführung
fontána	Brunnen	**východ**	Ausgang
pamätník	Denkmal	**vchod**	Eingang
budova	Gebäude	**chodba**	Gang, Korridor
križovatka	Kreuzung	**číslo päť**	Nummer 5
obchod	Laden	**vrátnica**	Pforte
námestie	Platz	**poschodie**	Stockwerk
socha	Statue	**dvere** (Mz)	Tür

najprv ...	**potom ...**	**predtým ...**
zuerst ...	dann, nachher ...	vorher ...

choďte!	*geht(!)*	gehen Sie!
cez most	*über Brücke(4)*	über die Brücke
cez ulicu	*über Straße(4)*	über die Straße
zabočte!	*abbiegt(!,v)*	biegen Sie ab!
pozrite sa!	*schaut(!,v) sich*	schauen Sie!
choďte ďalej!	*geht(!) weiter*	gehen Sie weiter!

vpravo	rechts	**tu, tuto**	hier
doprava	nach rechts	**sem**	hierhin
vľavo	links	**tam, tamto**	dort
doľava	nach links	**tam, tamto**	dorthin

blízko	nah, in der Nähe
ďaleko; ďalej	weit; weiter
hneď vedľa (+ 2)	genau neben
oproti (+ 3)	gegenüber
za rohom	um die Ecke
hinter Ecke(7)	
na rohu	an der Ecke
an Ecke(6)	
rovno	geradeaus
naspäť	zurück
na druhej strane	auf der anderen Seite
auf zweiter(7) Seite(7)	
na ľavej strane	auf der linken Seite
auf linker(7) Seite(7)	
na pravej strane	auf der rechten Seite
auf rechter(7) Seite(7)	

Hinweisschilder

Pozor!	Achtung!
Zákaz fajčiť!	Rauchen verboten!
Vstup zakázaný!	Eintritt verboten!
otvorené	geöffnet
zatvorené	geschlossen
Zatvárajte dvere!	Türe schließen!
tam – sem	drücken – ziehen
dorthin – hierhin	
vchod – východ	Eingang – Ausgang
vchod vo dvore	Eingang im Hof
Pozor schody!	Achtung Stufen!
(sprich: „posor ßchodi“)	
pokladňa	Kasse
rezervované	reserviert
obsadené	besetzt

... mit Bus & Bahn

Für innerstädtische Busse, Straßenbahnen sowie O-Busse kauft man die Karten an Zeitungskiosken (nicht beim Fahrer). An einigen Haltestellen stehen Fahrschein-Automaten. Die Strafe fürs Schwarzfahren ist saftig und nicht zu empfehlen! In Bratislava gibt es neuerdings auch 24- und 72-Stunden-Fahrkarten.

Zwischen Städten und kleinen Dörfern gibt es meistens gute Busverbindungen. Auch zwischen großen Städten fährt man mit vielen Bussen oft schneller und bequemer als mit dem Zug. In jedem Ort gibt es einen Busbahnhof, aber in der Regel halten die Busse auch an mehreren Haltestellen. Die Fahrkarten (für Busse zwischen Städten) kann man zwar auch beim Busfahrer kaufen; für längere Strecken sollte man sich die Fahrkarten jedoch einen Tag vorher am Busbahnhof besorgen.

autobus	Bus
autobusová stanica	Busbahnhof
trolejbus	O-Bus
električka	Straßenbahn
zastávka	Haltestelle

Máte lístky na autobus?
(Ihr-)habt Karten(4) für Bus(4)
Haben Sie Karten für den Bus?

Kde stojí autobus do ...? (+ 2. Fall)
wo (er-)steht Bus nach
Wo hält der Bus nach ...?

Kam chcete ísť?
wohin (Ihr-)wollt gehen
Wohin wollen Sie gehen/fahren?

Chceme ísť do ... (+ 2. Fall)
(wir-)wollen gehen nach
Wir wollen nach ... gehen.

vlak	Zug
rýchlik	D-Zug
spací voz	Schlafwagen
(hlavná) stanica	(Haupt-)Bahnhof
príchod – odchod	Ankunft – Abfahrt
lístok	Karte
miestenka	Platzkarte
lôžko *(Bett)*	Platzkarte f. Schlafwagen
cena	Preis
číslo	Nummer
linka	Linie
nástupište – koľaj	Bahnsteig – Gleis
nastúpiť (v) **(nastúpim)**	einsteigen
vystúpiť (v) **(vystúpim)**	aussteigen
prestúpiť (v) **(prestúpim)**	umsteigen
stihnúť (v) **(stihnem)**	erreichen
platiť (platím)	bezahlen

Prosím si, jeden lístok / dva lístky / päť lístkov do ... (+ 2. Fall)
(ich-)bitte sich, eine(m) Karte / zwei Karten / fünf Karten(2) nach
1 Karte / 2 Karten / 5 Karten nach ..., bitte.

Banskej Bystrice	Banská Bystrica
Bratislavy	Bratislava
Košíc	Košice
Popradu	Poprad
Prahy	Prag
Viedne	Wien
Žiliny	Žilina

Für Züge, die mit einem „R" auf dem Fahrplan gekennzeichnet sind, braucht man eine Platzreservierung (miestenka). *Ansonsten braucht man keine Platzkarten zu kaufen. Für den Schlafwagen braucht man eine Schlafwagen-Platzkarte* (lôžko).

Tam aj späť.
dorthin auch zurück
Hin und zurück.

Len tam.
nur dorthin
Einfache Fahrt.

Treba si kúpiť miestenku?
man-muss sich kaufen(v) Platzkarte(4)
Braucht man eine Platzkarte?

Kde si kúpime miestenku?
wo sich (wir-)kaufen(v) Platzkarte(4)
Wo bekommen wir Platzkarten?

Koľko trvá cesta?
wieviel (sie-)dauert Reise
Wie lange dauert die Reise?

Budeme musieť prestúpiť?
(wir-)werden müssen umsteigen(v)
Müssen wir umsteigen?

Sadnite si!	*setzt(!) sich*	Nehmen Sie Platz!
Dovolíte?	*(Ihr-)erlaubt(v)*	Darf ich mal durch?
Vystupujem!	*(ich-)aussteige*	Ich steige aus!

Mohli by ste mi povedať, ...
gekonnt(Mz) MÖGL. (Ihr-)seid mir(3) sagen(v)
Könnten Sie mir sagen, ...

... keď prídeme na ...? (+ 4. Fall)
... wenn (wir-)kommen(v) auf ...
... wenn wir in ... ankommen?

... kedy mám vystúpiť?
... wann (ich-)habe aussteigen(v)
... wann ich aussteigen muss?

... mit dem Taxi

taxík	Taxi	**pán šofér!**	Herr Chauffeur!
šofér	Fahrer	**pani šoférka!**	Frau Chauffeurin!

Taxis sind für slowakische Verhältnisse ziemlich teuer. Da die meisten öffentlichen Verkehrsmittel nur bis 24 Uhr fahren, muss man sich ein Taxi nehmen, wenn man nach Mitternacht heimkehren will.

Ein freies Taxi winkt man vom Straßenrand heran (wenn man nicht gerade an einer Taxi-Haltestelle steht). Als Trinkgeld rundet man den Preis einfach auf.

Kam idete?
wohin (Ihr-)geht
Wohin wollen Sie?

Kam Vás odveziem?
wohin Euch(4) (ich-)fahre(v)
Wohin soll ich Sie fahren?

na hlavnú stanicu *nach haupt...(4) Bahnhof(4)*	zum Hauptbahnhof
na autobusovú stanicu *nach Autobus(4) Bahnhof(4)*	zum Busbahnhof
na letisko *nach Flughafen(4)*	zum Flughafen
do stredu mesta *nach Zentrum(2) Stadt(2)*	zum Stadtzentrum
na Bajkalskú ulicu päť *nach Bajkal(4) Straße(4) fünf(4)*	in die Bajkaler Str. 5
na Šafárikovo námestie *nach Šafárik(4) Platz(4)*	zum Šafárik-Platz

Tu/tamto môžem vystúpiť.
hier/dort (ich-)kann aussteigen
Ich kann hier/dort aussteigen.

Počkajte tu chvíľu!
wartet(!) hier Weile(4)
Warten Sie hier einen Moment!

... mit dem eigenen Wagen

auto	Auto
šofér(ka)	Fahrer(in)
čerpadlo	Tankstelle
opravovňa áut	Werkstatt
šoférovať (šoférujem)	fahren (Auto)
parkovať (parkujem)	parken
opraviť (v) **(opravím)**	reparieren
odtiahnuť (v) **(odtiahnem)**	abschleppen (Auto)
rozbitý	zerbrochen
pokazený	kaputt
benzín	Benzin

Je tu blízko čerpadlo / opravovňa áut?
ist hier nah(Umst.) Tankstelle / Werkstatt Autos(2)
Gibt es hier in der Nähe eine Tankstelle / Autowerkstatt?

Dvadsať litrov normálu.
zwanzig Liter(2,Mz) Normalbenzin(2)
Zwanzig Liter Normalbenzin, bitte.

Do plna!
bis voll(2)
Volltanken, bitte!

normal	Normalbenzin
super	Super
nafta	Diesel
olej	Öl
kanister, bandaska	(Ersatz-)Kanister
náhradná súčiastka	Ersatzteil

Máme poruchu.
(wir-)haben Panne(4)
Wir haben eine Panne.

Dostali sme defekt.
bekommen(Mz) (wir-)sind Panne(4)
Wir haben eine Panne gehabt.

Myslím si, že ... nefunguje.
(ich-)glaube sich, dass ... nicht-funktioniert
Ich glaube, ... funktioniert nicht.

výfuk	Auspuff
batéria	Batterie
blinker, smerovka	Blinker
brzdy (Mz)	Bremsen
brzdová kvapalina	Bremsflüssigkeit
náhradné súčiastky	Ersatzteile
chod	Gang
akcelerátor	Gaspedal
rýchlostná skriňa	Getriebe
kábel	Kabel
klinový remeň	Keilriemen
chladič	Kühler
spojka	Kupplung
lampa	Lampe
riadenie	Lenkung
matica (na skrutke)	(Schrauben-)Mutter
pneumatika	Reifen
stierač vody	Scheibenwischer
reflektor	Scheinwerfer
trubica	Schlauch
skrutka	Schraube
skrutkovač	Schraubenzieher
poistka	Sicherung

tlmič nárazov	Stoßdämpfer
ventil	Ventil
ventilátor	Ventilator
karburátor	Vergaser
zdvihák	Wagenheber
zapaľovacia sviečka	Zündkerze
zapaľovanie	Zündung

Môžete ma odtiahnuť?
(Ihr-)könnt mich(4) abschleppen(v)
Können Sie mich abschleppen?

Môžete to opraviť?
(Ihr-)könnt das(4) reparieren(v)
Können Sie das reparieren?

Koľko to/oprava bude stáť?
wieviel das/Reparatur(4) (es-)wird kosten
Wie viel wird das kosten?

Kedy to bude hotové?
wann das (es-)wird fertig
Wann ist es fertig?

Mali sme nehodu.
gehabt(Mz) (wir-)sind Unfall(4)
Wir haben einen Unfall gehabt.

Zavolajte políciu, prosím Vás!
anruft(!,v) Polizei(4), (ich-)bitte Euch(4)
Rufen Sie bitte die Polizei an!

Potrebujeme sanitku/lekára.
(wir-)brauchen Rettungswagen(4)/Arzt(4)
Wir brauchen einen Rettungswagen/Arzt.

Übernachten

Hotels, die hauptsächlich westliche Touristen aufnehmen, sind natürlich teurer, aber dafür sind sie bequemer und besser ausgestattet.

im Hotel

hotel	Hotel
ubytovanie	Unterkunft
internát	Wohnheim
prenocovať (v) **(prenocujem)**	übernachten

Die billigsten Preise (sowie spartanische Ausstattung) findet man in den Studentenwohnheimen, die im Sommer als Jugendherbergen dienen. Reisende aus dem Westen müssen meistens den doppelten Preis zahlen.

Chýba ešte ... *(es-)fehlt noch*	Es fehlt/fehlen noch (ein/e) ...
posteľ, lôžko	Bett
perina	Bettdecke
posteľná bielizeň	Bettwäsche
vankúš	Kissen
kľúč	Schlüssel
stolička – stôl	Stuhl – Tisch
pitná voda	Trinkwasser
teplá voda	warmes Wasser
studená voda	kaltes Wasser

Máte ... *(Ihr-)habt*	Haben Sie ...? (+ 4. Fall)
Chcel/chcela by som ... *gewollt(m/w) MÖGL. (ich-)bin*	Ich möchte ... (+ 4. Fall)
Chceli by sme ... *gewollt(Mz) MÖGL. (wir-)sind*	Wir möchten ... (+ 4. Fall)
Koľko stojí ...? *wieviel kostet*	Wie viel kostet ...?

jednu izbu / dve izby	1 Zimmer / 2 Zimmer
ein(w,4) Zimmer(4) / zwei(w,4) Zimmer(4,Mz)	
jedno lôžko / dve lôžka	1 Bett / 2 Betten
ein(s,4) Bett(4) / zwei(s,4) Betten(4)	
dvojposteľovú izbu	ein Zweibettzimmer
zwei-Bett(w,4) Zimmer(4)	
trojposteľovú izbu	ein Dreibettzimmer
drei-Bett(w,4) Zimmer(4)	
s WC *(„sweze“)*	mit Toilette
mit Toilette(7)	
so sprchou	mit Dusche
mit Dusche(7)	
s kúpeľňou	mit Bad
mit Bad(7)	
s televízorom	mit Fernseher
mit Fernseher(7)	
s raňajkami	mit Frühstück
mit Frühstück(7)	
aj s obedom	auch mit Mittagessen
auch mit Mittagessen(7)	
na jednu noc	für eine Nacht
für ein(w,4) Nacht(4)	
na pár dní	für ein paar Tage
für Paar(4) Tage(2)	
na jeden týždeň	für eine Woche
für ein(m,4) Woche(4)	

Môžem si izbu pozrieť?
(ich-)kann sich Zimmer(4) anschauen(v)
Kann ich das Zimmer mal anschauen?

O koľkej sa zamyká brána/vchod?
um wievielter sich (man-)zuschließt Tor/Eingang
Um wie viel Uhr schließt man das Tor/ den Eingang?

auf dem Campingplatz

Campieren darf man nur auf offiziell bezeichneten Campingplätzen. Man sollte in Buchhandlungen nach Landkarten fragen, auf denen Campingplätze eingezeichnet sind. Reisebüros können auch Informationen über Campingplätze geben.

miesto na táborenie, *Platz für Lagern* **táborisko**	Lager-, Campingplatz
kemping, camping	Camping
autokemping	Autocamping
obytný príves	Wohnwagen
karavan	Wohnmobil
táborový ohen, táborák *Lager... Feuer*	Lagerfeuer
stan	Zelt
varič	Kocher
spací vak, spacák *schlaf... Sack*	Schlafsack
baterka	Taschenlampe
stanovať (stanujem)	zelten
táboriť (táborím)	lagern
kempovať (kempujem)	campieren

Môžeme tu táboriť?
(wir-)können hier lagern
Dürfen wir hier campieren?

Môžem sa u vás umyť?
(ich-)kann sich bei Euch(4) waschen
Kann ich mich bei Ihnen waschen?

Essen & Trinken

Gute Restaurants oder Weinstuben gibt es zwar genug, aber die Suche nach einem Lokal kann ein bisschen problematisch sein, da viele Lokale (auch am Wochenende) nur bis 20.00 oder 21.00 Uhr geöffnet haben.

Die Eingänge vieler Lokale sind unauffällig oder befinden sich in einem Hof versteckt. Wenn man ein Restaurant sucht, muss man also meistens jemanden fragen.

raňajky (Mz)	Frühstück
obed	Mittagessen
studené jedlo	Kalte Speisen
olovrant	Kaffeetrinken
večera	Abendessen
teplé jedlo	Warme Speisen

kaviareň	Café	**cukráreň**	Konditorei
hostinec	Gaststätte	**reštaurácia**	Restaurant
bufet	Imbiss	**vináreň**	Weinstube
krčma	Kneipe		

hladný	hungrig	**chutí**	es schmeckt
smädný	durstig	**objednať** (v)	bestellen
jesť (jem)	essen	**(objednám)**	(ich bestelle)
piť (pijem)	trinken	**platiť**	bezahlen
chutiť	schmecken	**(platím)**	(ich bezahle)

im Restaurant

Die Angebote slowakischer Restaurants sind ähnlich wie in Restaurants anderswo in Mitteleuropa. Als Vorspeise isst man Fleischbrühe, Hühnersuppe, Gemüsesuppe usw. Man kann überall ein Omelett oder Palatschinken (palcinky) bestellen.

čašník Kellner	**čašníčka** Kellnerin	**pán hlavný!** Herr Ober!

Die berühmteste slowakische Spezialität ist bryndzové halušky, *eine Art Nockerl mit Brimsenkäse und kleinen Stückchen Speck. Dazu trinkt man* žinčica *(saure Schafmilch).*

Čo si prajete?
was sich (Ihr-)wünscht
Was wünschen Sie?

Môžete nám doniesť jedálny lístok?
(Ihr-)könnt uns(3) bringen(v) Speise(4) Karte(4)
Können Sie uns die Speisekarte bringen?

Máte jedálny lístok v nemčine?
(Ihr-)habt Speise(4) Karte(4) auf deutsch(6)
Haben Sie eine Speisekarte auf Deutsch?

Čo Vám donesiem?
was Euch(3) (ich-)bringe(v)
Was kann ich Ihnen bringen?

Ešte vyberáme.
noch (wir-)aussuchen
Wir suchen noch etwas aus.

Doneste nám ešte ...! (+ 4. Fall)
bringt(!) uns(3) noch
Bringen Sie bitte noch ...!

popolník	Aschenbecher	**olej**	Öl
príbor	Besteck	**čierne korenie**	Pfeffer
chleba	Brot	**účet**	Rechnung
ocot	Essig	**soľ** (w)	Salz
vidličku	Gabel	**horčicu**	Senf
pohár	Glas	**šálku**	Tasse
lyžičku	Löffel	**tanier**	Teller
nôž	Messer	**cukor**	Zucker

In vielen Restaurants gibt es zwei- oder dreisprachige Speisekarten und manchmal eine spezielle Speisekarte auf Deutsch. In Touristenzentren reichen die Deutschkenntnisse der Kellner aus, um die Speisen zu erklären.

Prosím si vyprážaný syr.
(ich-)bitte sich gebratenen(4) Käse(4)
Gebratenen Käse, bitte.

Bohužiaľ, nemáme.
leider, nicht-(wir-)haben
Das haben wir (heute) leider nicht.

Čo nám odporúčate?
was uns(3) (Ihr-)empfehlt
Was empfehlen Sie uns?

Odporúčam ... (+ 4)
(ich-)empfehle
Ich empfehle ...

Môže byť.
(es-)kann sein
Ja, gut.

A čo k tomu?
und was zu dem(3)
Und was dazu?

A niečo na pitie?
und etwas auf Trinken(4)
Wollen Sie etwas zum Trinken?

Minerálku si prosím.
Mineralwasser(4) sich (ich-)bitte
Mineralwasser, bitte.

an einem Imbissstand (bufet)

Prosím si ... (+ 4. Fall) *(ich-)bitte sich*	Ich hätte gerne ...
jeden Hot Dog	einen Hot Dog
dve zapekačky	2 (warme) belegte Brötchen
hranolky	Pommes frites
jednu pizzu	ein (Stück) Pizza
jednu palacinku	einen Palatschinken

dvakrát kukuricu	zweimal Maiskolben
cigánsku pečienku	Zigeunerbraten
Schweinebraten mit Brotscheibe	
jednu klobásu ...	ein Würstchen ...
... s horčicou (7. Fall)	... mit Senf
... s kečupom	... mit Ketchup
... so syrom	... mit Käse
... s tatárskou omáčkou	... mit Tataren-Sauce
... so šunkou	... mit Schinken

Jednu zeleninovú polievku.
eine(4) Gemüse(4) Suppe(4)
Eine Gemüsesuppe.

A čo ešte?
und was noch
Und was noch?

Dva také chlebíčky.
zwei solche Brötchen
Zwei dieser belegten Brötchen.

Nemáte servítky?
nicht-habt Servietten(4)
Haben Sie vielleicht Servietten?

Desať deka toho šalátu a dve pečivá.
zehn Dekagramm dieses(2) Salats(2) und zwei(s,4) Brötchen(4,Mz)
100 g von diesem Salat und zwei Brötchen.

Na tanier?
auf Teller(4)
Auf einem Teller?

Nie. Môžete to zabaliť?
nein. könnt das einpacken(v)
Nein. Können Sie das einpacken?

Jeden tanier tamtoho.
einen(4) Teller(4) jenes(2)
Einen Teller von dem da.

Einer der populärsten Speisen in einem Schnellimbiss ist ein langoš, *eine große Scheibe gebratenen Teiges, die mit Knoblauch und manchmal auch mit Ketchup oder Käse bestrichen wird.*

Speisen

Brot & Frühstück

Hotové jedlo *(fertige Speisen) sind Gerichte, die jeden Tag vorbereitet werden und bei Wunsch einfach nur auf den Teller gefüllt werden.*

chlieb	Brot	**syr**	Käse
žemľa	Brötchen	**lekvár, džem**	Konfitüre
chlebíček	belegtes Brötchen	**marmeláda**	Marmelade
		mlieko	Milch
maslo	Butter	**mak**	Mohn
vajce, vajíčko	Ei	**tvaroh**	Quark
pečivo	Gebäck	**smotana**	Sahne
med	Honig	**šunka**	Schinken
rožok	Hörnchen	**saláma**	Wurst

Suppe (polievka)

kuracia polievka	Hühnersuppe
šošovicová polievka	Linsensuppe
hovädzí vývar	Rinderbrühe
fazuľová polievka	Bohnensuppe
guláš	Gulasch

Vorspeise (predjedlo)

šunkový nárez	Schinkenaufschnitt
syrový nárez	Käseaufschnitt
omeleta	Omelett
zapečený toast	gerösteter Toast
vajcia do skla *Eier in Glas(2)*	weichgekochtes Ei
hemendex	„Ham and eggs": Schinken und gebratene Eier
klobása	Wurst, Bratwurst

Fleisch, Geflügel & Fisch

mäso	Fleisch	**rezeň**	Schnitzel
bravčové mäso	Schweinefl.	**hydina**	Geflügel
hovädzie mäso	Rindfleisch	**kura**	Hühnchen
teľacie mäso	Kalbfleisch	**moriak**	Pute
šunka	Schinken	**hus**	Gans
pečeň	Leber	**ryba**	Fisch
filé	Filet		

Gemüse, Getreide & Beilagen

príloha	Beilage	**halušky** (Mz)	Nockerln
fazuľa (nur Ez)	Bohnen	**rezance** (Mz)	Nudeln
hrášok (nur Ez)	Erbsen	**huba**	Pilz
zelenina	Gemüse	**hranolky** (Mz)	Pommes
uhorka	Gurke	**ryža**	Reis
zemiaky (Mz)	Kartoffeln	**šalát**	Salat
knedle (Mz)	Knödel	**paradajka**	Tomaten
kapusta	Kohl		

gebacken, gebraten, gekocht

pečený/zapečený/opekaný	gebacken, geröstet
varený – vyprážaný	gekocht – gebraten
dusený – miešaný	gedünstet – gemischt
soté – pikantný	sautiert – pikant
obloženie, obloha	Garnierung
vegetariánsky	vegetarisch

Dessert

zmrzlina	Eis	**puding**	Pudding
koláč	Kuchen	**torta**	Torte
múčnik	Nachtisch	**šľahačka**	Schlagsahne

Obst

jablko	Apfel	**čerešňa**	Kirsche
pomaranč	Apfelsine	**melón**	Melone
marhuľa	Aprikose	**ovocie**	Obst
banán	Banane	**grep**	Pampelmuse
hruška	Birne	**broskyňa**	Pfirsich
jahoda	Erdbeere	**slivka**	Pflaume
čučoriedka	Heidelbeere	**hrozno** (Ez)	Traube
malina	Himbeere	**citrón**	Zitrone

Getränke

presso	Espresso
Turecká káva	Türkischer Kaffee (Kaffee mit gemahlenen Bohnen auf dem Tassenboden)

Jedlo na objednávku *(Speisen auf Bestellung) werden erst dann zubereitet, wenn man sie bestellt. Sie sind teurer und dauern ein bisschen länger.*

Viedenská káva	Wiener Kaffee (Kaffee mit Schlagsahne)
Kapucín	Cappuccino (manchmal nur Kaffee mit Milch)
Parížska káva	Pariser Kaffee (Kaffee mit Schokolade)
Alžírska Káva	Algerier Kaffee (Kaffee mit Eierlikör)
čaj s citrónom	Tee mit Zitrone
sóda	Sodawasser
tonik	Tonic Water
minerálka	Mineralwasser
strik	Gespritzter (Wein mit Mineralwasser)
kofola	(ähnlich wie) Cola
pomarančový džús	Orangensaft, 0,2 l
citrónový džús	Zitronensaft

pivo	Bier	**sudové**	vom Fass
biele víno	Weißwein	**šampanské**	Sekt
červené víno	Rotwein	**vodka**	Wodka

jednu šálku / dve šálky	1 Tasse / 2 Tassen
jeden pohár / dva poháre	1 Glas / 2 Gläser
dva deci / tri deci	0,2 l / 0,3 l

bezahlen

Zaplatíme, prosím.
(wir-)bezahlen(v), (ich-)bitte
Zahlen, bitte.

Koľko to bude?
wieviel das (es-)wird
Was macht das?

Všetko spolu?
alles zusammen
Alles zusammen?

Die Rechnungssumme rundet man etwas auf, um dem Kellner Trinkgeld zu geben. Wenn man den genauen Betrag (inkl. Trinkgeld) bar hat, dann sagt man beim Bezahlen einfach:

Ďakujem pekne, to je v poriadku.
(ich-)danke schön(Umst.), das ist in Ordnung(6)
Dankeschön, das ist in Ordnung.

reklamieren

To som si neobjednal/neobjednala.
das (ich-)bin sich nicht-bestellt(m/w)
Das habe ich nicht bestellt.

Koľko stál ten šalát?
wieviel gekostet(m) der Salat
Wie viel hat der Salat gekostet?

Čo stálo tridsaťpäť korún?
was gekostet(s) dreißig Kronen(2)
Was hat 30 Kronen gekostet?

Jedlo bolo príliš slané/pikantné.
Essen gewesen(s) zu salzig/scharf
Das Essen war zu salzig/scharf.

Jedlo je/bolo studené.
Essen (es-)ist/gewesen(s) kalt
Das Essen ist/war kalt.

An Imbissständen und in kleineren Lokalen muss man sich meistens auf Slowakisch verständigen. Dieses Bemühen wird auch dankbar zur Kenntnis genommen. Kommunikationsprobleme kann man immer durch freundliches Verhalten überbrücken.

Einkaufen

Nach und nach werden die alten Läden durch neue, besser organisierte, private Geschäfte ersetzt. Überall bekommt man Waren, die vorher kaum zu finden waren: von Kiwis, schönem Obst und gutem Brot bis hin zu westlicher Elektronik, Mode und sogar Autos.

in Geschäften

lekáreň	Apotheke
pekáreň	Bäckerei
kníhkupectvo	Buchhandlung
drogéria	Drogerie
domáce potreby (Mz)	Haushaltswaren
obchodný dom	Kaufhaus
odevy (Mz)	Kleidung
obchod	Laden
potraviny (Mz)	Lebensmittel
ovocie – zelenina	Obst – Gemüse
cestovná kancelária	Reisebüro
klenoty (Mz)	Schmuck
papiernictvo	Schreibwaren
obuv	Schuhe

zatvorené	**otvorené**	**vypredané**
geschlossen	geöffnet	ausverkauft

predavačka	Verkäuferin
pokladňa	Kasse
samoobsluha	Selbstbedienung
drobné (Mz)	Klein-/Wechselgeld

Vstup len s nákupnými košíkmi!
Eintritt nur mit Einkaufskörben!

kúpiť si (kúpim si) (v)	kaufen
nakúpiť (nakúpim) (v)	einkaufen
predávať (predávam)	verkaufen
zaplatiť (zaplatím) (v)	bezahlen

drahý	teuer	**lacný**	billig
malý	klein	**menší**	kleiner
veľký	groß	**väčší**	größer

Prosím si polku chleba.
(ich-)bitte sich Hälfte(4) Brotes(2)
Ein halbes Brot, bitte.

Koľko/čo to stojí?
wieviel/was das (es-)kostet
Wie viel kostet das?

Prosím si štvrť kila tohto syra.
(ich-)bitte sich Viertel(4) Kilo(2) dieses(2) Käses(2)
Ein Viertel Kilo dieses Käses, bitte.

Hneď to bude.
sofort das (es-)wird
Ich mach' mich gleich daran.

Nemáte drobné?
nicht-habt Kleingelder(4,Mz)
Haben Sie kein Kleingeld?

Kde by som si mohol/mohla kúpiť ...? (+ 4. Fall)
wo MÖGL. (ich-)bin sich gekonnt(m/w) kaufen
Wo könnte ich ... kaufen?

Selbstbedienungsgeschäfte darf man nur mit einem Einkaufskorb betreten, und häufig muss man in einer Schlange warten, bis man einen Korb von einem hinausgehenden Kunden bekommt. In Kaufhäusern muss man an den Eingängen der einzelnen Abteilungen warten.

In jedem Ort gibt es einen Markt (burza), *wo Bürger Gemüse, Obst, Blumen, Bücher, Kleidung, Schmuck etc. verkaufen. Zu den* burzy *kommen auch Verkäufer aus östlichen Ländern: der Türkei, Rumänien, Polen, Bulgarien und den Republiken der GUS.*

Kde máte šampón?
wo habt Shampoo(4)
Wo haben Sie Shampoo?

Prosíte si tašku?
(Ihr-)bittet sich Tasche(4)
Möchten Sie eine Tasche?

Bude to všetko?
(es-)wird das alles
Ist das alles?

To je všetko.
das (es-)ist alles
Das ist alles.

Ďalší!
nächster
Der Nächste!

Markt

trh	Markt	**blší trh**	Flohmarkt
tržnica	Markthalle	**burza**	Naschmarkt

Einkaufsliste

baterka	Batterie
kniha	Buch
cédéčko	CD
krém	Creme
vložky (Mz)	Damenbinden
otvárak na konzervy	Dosenöffner
zapaľovač	Feuerzeug
otvárak na fľaše	Flaschenöffner
špirála	Heizspirale (um Wasser zu kochen)
žiarovka	Glühbirne
filter na kávu	Kaffeefilter
kazeta	Kassette
vývrtka	Korkenzieher
mapa	(Land-)Karte
potreby na šitie	Nähzeug
náplasť	Pflaster
platňa	Platte

prezervatívy	Präservative
mydlo	Seife
šampón	Shampoo
plán mesta	Stadtplan
zápalky	Streichhölzer
tampóny (Mz)	Tampons
toaletný papier	Toilettenpapier
prach na pranie	Waschpulver
plienky (Mz)	Windeln
zubná kefka	Zahnbürste
zubná pasta	Zahnpasta
časopis	Zeitschrift
noviny (Mz)	Zeitung
cigarety (Mz)	Zigaretten

Eingeladen sein

Die folgende Frage gilt schon als Einladung, und man braucht nur noch den Tag und die Zeit zu vereinbaren. Wenn man eingeladen wird, duzt man sich wahrscheinlich. Die meisten Slowaken empfinden die höfliche Anrede als zu distanziert für Bekannte, auch wenn man sich noch nicht so lange kennt. Eine Ausnahme: Junge Leute siezen die Eltern eines Bekannten.

Kedy prídeš/prídete?
wann (du-)kommst(v)/(Ihr-)kommt(v)
Wann kommst du/kommen Sie?

Als Mitbringsel kann man Blumen oder eine Flasche Wein mitbringen. Blumen sind jedoch geeigneter, denn viele Leute (besonders in Dörfern) bieten ihren selbstgemachten Wein oder Branntwein an.

Vitajte u nás!
begrüßt(!) bei uns(4)
Willkommen!

Sadni si! / Sadnite si!
setz(!,v) sich / setzt(!,v) sich
Nimm/Nehmt Platz!

Si smädný/smädná?
(du-)bist durstig(m/w)
Hast du Durst?

Si hladný/hladná?
(du-)bist hungrig(m/w)
Hast du Hunger?

Prosíš/prosíte si pivo/víno?
(du-)bittest/(ihr-)bittet sich Bier(4)/Wein(4)
Möchtest du/möchtet ihr Bier/Wein?

Áno, prosím.
ja, (ich-)bitte
Ja, bitte.

Ďakujem, nie.
danke, nein
Danke, nein.

Na zdravie!
zur Gesundheit(4)
Prosit!

Poznáš/poznáte bryndzové halušky?
(du-)kennst/(ihr-)kennt Bryndzové(4) Halusky(4)
Kennst du/kennt ihr Brimsennockerln? (slowak. Nationalgericht)

Chutí ti to?
(es-)schmeckt dir(3) das
Schmeckt dir das?

Áno, chutí.
ja, (es-)schmeckt
Ja, es schmeckt.

Zober si ešte!
nimm(!,v) sich noch
Nimm dir noch etwas!

Už nemôžem.
schon nicht-(ich-)kann
Ich kann nicht mehr.

Som plný/plná.
(ich-)bin voll(m/w)
Ich bin satt.

Dáš si kávu?
(du-)gibst sich Kaffee(4)
Möchtest du Kaffee?

Áno, dám si. *ja, (ich-)gebe sich* Ja, ich möchte.

Ďakujem, nedám si. *(ich-)danke, nicht-(ich-)gebe sich* Danke, nein.

Familie & Verwandte

Si ženatý/vydatá?
bist verheiratet(m/w)
Bist du verheiratet?

Nie, som slobodný/ slobodná.
nein, bin ledig(m/w)
Nein, ich bin ledig.

Ženatý *heißt „verheiratet" nur für Männer,* vydatá *nur für Frauen.*

Ako sa volá tvoj manžel / tvoja manželka?
wie sich nennt dein Ehemann / deine Ehefrau
Wie heißt dein Mann / deine Frau?

Máš súrodencov/deti?
(du-)hast Geschwister(4)/Kinder(4)
Hast du Geschwister/Kinder?

Nie, nemám.
nein, nicht-(ich-)habe
Nein, ich habe keine.

Mám brata / dvoch bratov, sestru / tri sestry.
habe Bruder(4)/zwei(m/b,4) Brüder(4), Schwester(4)/drei(w,4) Schwestern(4)
Ich habe einen Bruder/zwei Brüder, eine Schwester/drei Schwestern.

Mám syna a dcéru.
(ich-)habe Sohn(4) und Tochter(4)
Ich habe einen Sohn und eine Tochter.

Mám dvoch synov / dve dcéry.
(ich-)habe zwei(m/b,4) Söhne(4) / zwei(m,4) Töchter(4)
Ich habe zwei Söhne / zwei Töchter.

rodina	Familie	**rodičia**	Eltern
starý otec	Großvater	**stará matka**	Großmutter
dedko	Opa	**babka**	Oma
otec	Vater	**matka**	Mutter
manžel	Ehemann	**manželka**	Ehefrau
ženatý (m)	verheiratet	**vydatá** (w)	verheiratet
syn	Sohn	**dcéra**	Tochter
brat	Bruder	**sestra**	Schwester
strýc	Onkel	**teta**	Tante
synovec	Neffe	**neter**	Nichte
bratranec	Cousin	**sesternica**	Cousine
vnuk	Enkel	**vnučka**	Enkelin
švagor	Schwager	**švagriná**	Schwägerin

Wandern & Skilaufen

In der Mittelslowakei gibt es zwei große Gebirge: die felsige Hohe Tatra (Vysoké Tatry) und die waldbedeckte Niedrige Tatra (Nízke Tatry). Westlich der Tatren gibt es weitere zwei schöne Urlaubsorte: das Fatra-Gebirge und das Gebiet Orava, und östlich der Tatren liegt das so genannte Slovenský Raj (Slowakische Paradies).

Im Winter finden Skiläufer Skipisten jeglichen Schwierigkeitsgrades. An den Skipisten kauft man eine so genannte permanentka, eine Sammelfahrkarte mit z. B. dreißig oder sechzig Punkten (bodky). Wenn man mit dem Skilift hochfährt, werden jedesmal vier oder fünf Punkte von den Kontrolleuren durchgestrichen. Es gibt aber auch Tagesfahrkarten.

Die Slowakei hat einen langen, heißen und trockenen Sommer, und es gibt viele Möglichkeiten zu wandern und zu campieren. Überall sind gute Ausschilderungen und schöne Landschaften.

turista	Wanderer, Tourist
turistický chodník	Wanderweg
turistická mapa	Wanderkarte
značkovaný	beschildert
značka	Schild
jednodňová permanentka	Tages-Ticket (für Lift)
dvojdňová permanentka	2-Tages-Ticket (f. Lift)
spadnúť (spadnem) (v)	hinfallen
šmyknúť sa (v) **(šmyknem sa)**	rutschen
lyžovať (lyžujem)	skilaufen
snežiť, sneží	schneien, es schneit
je búrka *(es-)ist Sturm*	es stürmt
ísť (idem) na turistiku *gehen ((ich-)gehe) auf Wanderung*	wandern

medveď	Bär	**vlek**	Skilift
strom	Baum	**zjazdovka**	Skipiste
hora	Berg	**lyžiarka**	Skischuh
rieka	Fluss	**palica**	Skistock
štít	Gipfel	**sneh**	Schnee
kopec	Hügel	**lanovka**	Seilbahn
chata	Hütte	**turistika**	Wanderung
lyža	Ski	**cesta**	Weg

Liebesgeflüster

Falls Amors Pfeile getroffen haben, helfen folgende Sätze bei der Kontaktaufnahme.

Stretneme sa dnes večer?
(wir-)treffen(v) sich heute Abend
Treffen wir uns heute Abend?

Nechceš tancovať?
nicht-(du-)willst tanzen
Möchtest du tanzen?

Pozývam ťa na kávu.
(ich-)einlade dich(4) auf Kaffee(4)
Ich lade dich zu einem Kaffee ein.

Nechceš sa ísť poprechádzať?
nicht-(du-)willst sich gehen spazieren
Möchtest du spazieren gehen?

Si zlatý/zlatá.
(du-)bist lieb(m/w)
Du bist lieb.

Si milý/milá.
(du-)bist nett(m/w)
Du bist nett.

Veľmi sa mi páčiš.
sehr sich mir(3) (du-)gefällst
Du gefällst mir sehr.

Máš krásne oči / krásne vlasy / nádherné telo.
(du-)hast schöne(4) Augen(4) / schöne(4) Haare(4) / wunderschönen(4) Körper(4)
Du hast schöne Augen / Haare / einen wunderschönen Körper.

Poď ku mne!
komm(!) zu mir(3)
Komm zu mir!

Ľúbim/milujem ťa.
(ich-)liebe/(ich-)liebe dich(4)
Ich liebe dich.

Mám ťa rád/rada.
(ich-)habe dich(4) gern(m/w)
Ich habe dich gern.

Chceš so mnou spať?
willst mit mir(7) schlafen
Willst du mit mir schlafen?

Máš prezervatívy?
hast Präservative(4)
Hast du Präservative?

Chcem byť sám/sama.
(ich-)will sein allein(m/w)
Ich will alleine sein.

Som tu s manželom/manželkou.
(ich-)bin hier mit Ehemann(7)/Ehefrau(7)
Ich bin mit meinem Mann/meiner Frau da.

Dnes nie!
heute nicht
Heute nicht!

Vypadni! / Choď preč!
ausfall(!,v) / geh(!) weg
Verschwinde! / Geh weg!

Daj mi pokoj!
gib(!,v) mir(3) Ruhe(4)
Lass mich in Ruhe!

Rauchen

Rauchen ist nicht überall erwünscht. Fragen Sie lieber, bevor Sie die Zigarette anzünden.

fajčiar	Raucher
nefajčiar	Nichtraucher
fajčiť (fajčím)	rauchen
cigareta	Zigarette
zápalky	Streichhölzer
zapaľovač	Feuerzeug
oheň	Feuer
popolník	Aschenbecher
šluk	Zug (aus der Zigarette)
balíček	Päckchen
Zákaz fajčiť!	Rauchen verboten!

Chceš cigaretu?
(du-)willst Zigarette(4)
Willst du eine Zigarette?

Dáš mi cigaretu?
gibst mir(3) Zigarette(4)
Gibst du mir eine Zigarette?

Máš/máte oheň?
hast/(Ihr-)habt Feuer(4)
Hast du/haben Sie Feuer?

Nefajčím.
nicht-(ich-)rauche
Ich bin Nichtraucher.

Vadí ti/Vám, keď fajčím?
(es-)stört dir(3)/Euch(3), wenn (ich-)rauche
Stört es dich/Sie, wenn ich rauche?

Idem von na chvíľu.
(ich-)gehe draußen auf Weile(4)
Ich gehe eine Weile hinaus.

Fotografieren

Die Slowakei bietet unvergleichlich schöne Motive zum Fotografieren.

fotka	Foto
fotoaparát; foťák	Fotoapparat
odfotiť (odfotím) (v)	fotografieren
filmovacia kamera	Filmkamera
filmovať	filmen
film	Film
film na diapozitívy *Film auf Diapositiven*	Diafilm
farebný film *farbiger Film*	Farbfilm
čiernobiely film *schwarzweißer Film*	Schwarz-Weiß-Film
vyvolať (vyvolám) (v)	entwickeln
negatív	Negativ
baterka – blesk	Batterie – Blitzlicht

Bitte fragen Sie, bevor Sie fremde Menschen fotografieren wollen.

Fotky, prosím.
Fotos(4), (ich-)bitte
Fotos, bitte.

Vaše meno?
Euer Name
Ihr Name?

Dve fotky z každého negatívu.
zwei Fotos von jedem(2) Negativ(2)
Zwei Abzüge von jedem Negativ.

Môžem Vás odfotiť?
(ich-)kann Euch(4) fotografieren(v)
Darf ich Sie fotografieren?

Môžete nás odfotiť?
(Ihr-)könnt uns(4) fotografieren(v)
Können Sie uns fotografieren?

Ämter & Behörden

Wenn ein Besuch auf einem Amt unvermeidlich ist, dann empfiehlt es sich, einen slowakischen Bekannten um Hilfe zu bitten, der als Dolmetscher dienen kann. Nach meiner Erfahrung freuen sich die Slowaken, wenn sie behilflich sein können und dabei gleichzeitig eine Gelegenheit haben, ihr Deutsch zu üben.

Ob auf einem Amt oder in irgendeinem Büro in der Slowakei Deutsch gesprochen wird, hängt davon ab, ob und wie oft man dort überhaupt in Kontakt mit Ausländern kommt. In Reisebüros, Wechselstuben oder Gaststätten, wo die Mehrheit der Kunden Ausländer ist, verfügen die Leute über genügende Deutsch- oder Englischkenntnisse, so dass man auch ohne Slowakisch auskommt.

Bei der Polizei, auf der Post oder auf staatlichen Ämtern ist es jedoch ganz anders: Beamte mit guten Deutschkenntnissen sind die Ausnahme, nicht die Regel.

Odkradli ma.
bestohlen(Mz,v) mich(4)
Man hat mich bestohlen.

Môže mi niekto tlmočiť?
(er-)kann mir(3) jemand dolmetschen
Kann mir jemand dolmetschen?

Stratil/stratila som svoje doklady.
verloren(m/w,v) (ich-)bin meine(Rück.) Papiere(4)
Ich habe meine Papiere verloren.

Rund ums Geld

Obwohl es schon lange keinen Unterschied mehr zwischen dem offiziellen und dem inoffiziellen Wechselkurs gibt, blüht immer noch der Schwarzhandel mit Devisen. Fast alle Schwarzwechsler auf der Straße sind professionelle Betrüger und Diebe, die polnisches Geld oder falsche Banknoten anstatt wirklicher Kronen wechseln.

Die offizielle Währung der slowakischen Republik ist die Slowakische Krone (Sk). Geld schwarz zu tauschen, lohnt sich nicht, denn Banken und Reisebüros bieten einen fairen Wechselkurs an. Auch in besseren Hotels und in einigen Läden kann man Geld wechseln.

banka	Bank
zmenáreň	Wechselstube
vymeniť (vymením) (v)	umtauschen
kurz	Kurs
účet	Quittung
vekslák	Schwarzwechsler
peniaze (Mz)	Geld

Dajú sa tu vymeniť peniaze?
(sie-)geben sich hier umtauschen Geld(Mz)
Kann man hier Geld tauschen?

Aký je kurz eura?
was-für-ein (es-)ist Kurs Euro(2)
Wie ist der Kurs des Euro?

	Ez	Mz	2. Fall Mz
Dollar	**dolár**	**doláre**	**dolárov**
Franken	**frank**	**franky**	**frankov**
Krone	**koruna**	**koruny**	**korún**
Euro	**euro**	**eura**	**eur**

Post & Telefonieren

Leider sind die Hinweisschilder am Postamt nur auf Slowakisch.

Post

pošta	Postamt
(poštová) známka	Briefmarke
list – obálka	Brief – Briefumschlag
pohľadnica	Ansichtskarte
telegram	Telegramm
balík	Paket, Päckchen
doporučený list	Einschreiben
letecky	mit Luftpost
clo	Zoll
colné prehlásenie	Zollerklärung

Wenn man Briefmarken kaufen will oder einfach einen Brief abgeben möchte, muss man die folgenden Schalter suchen:

Príjem listových zásielok
Annahme von Briefsendungen
Predaj cenín
Verkauf von Wertzeichen

Prosím si známku na list ...
(ich-)bitte sich Marke(4) für Brief(4)
Ich möchte eine Briefmarke für einen Brief ...

... do Nemecka / do Rakúska / do Švajčiarska.
... nach Deutschland(2) / nach Österreich(2) / nach Schweiz(2)
... nach Deutschland / nach Österreich / in die Schweiz.

telefonieren

telefón	Telefon
telefónna búdka	Telefonzelle
telefónne číslo	Telefonnummer
telefónny zoznam	Telefonbuch
predvoľba	Vorwahlnummer
miestny hovor	Ortsgespräch
medzimestský hovor	Ferngespräch
zwischenstädtliches Gespräch	
kabína	Kabine
telefonovať (telefonujem)	telefonieren
zavolať (zavolám) (v; + 3)	(jem.) anrufen

Chcel/chcela by som si zavolať do Viedne/Mníchova.
gewollt(m/w) MÖGL. (ich-)bin sich anrufen(v) nach Wien(2)/München(2)
Ich möchte nach Wien/München anrufen.

Koľko stojí jedna minúta do Berlína?
wieviel kostet eine(w) Minute nach Berlin(2)
Wie viel kostet eine Gesprächsminute nach Berlin?

Počkáte chvíľu?
(Ihr-)wartet(v) Weile(4)
Einen Moment, bitte.

Berlín, kabína šesť!
Berlin, Kabine sechs
Berlin, Kabine sechs!

Krank sein

Lassen Sie sich immer eine Quittung der Arztrechnung ausstellen, um die Kosten von Ihrer Versucherung erstattet zu bekommen.

lekár (-ka)	Arzt (Ärztin)	**pacient**	Patient
liečiť (liečim)	behandeln, heilen	**recept**	Rezept
		masť	Salbe
odliatok	Heftpflaster	**injekcia**	Spritze
zdravotná sestrička	Kranken-schwester	**tabletky**	Tabletten
		kvapky	Tropfen
liek	Medikament	**obväz**	Verband

Hľadáme najbližšiu lekáreň/nemocnicu.
(wir-)suchen nächste(4) Apotheke(4)/ Krankenhaus(4)
Wir suchen die nächste Apotheke/ das nächste Krankenhaus.

Čo Vám je?
was Euch(3) (es-)ist
Was fehlt ihnen?

Kde máte bolesti?
wo (Ihr-)habt Schmerzen(4)
Wo haben Sie Schmerzen?

Potrebujem lekára.
(ich-)brauche Arzt(4)
Ich brauche einen Arzt.

Bolí ma ...
(es-)wehtut mich(4)
Mir tut ... weh.

ruka	Arm; Hand	**hlava**	Kopf
oko	Auge	**žalúdok**	Magen
brucho	Bauch	**nos**	Nase
noha	Bein; Fuß	**oblička**	Niere
prsia (Mz)	Brust	**ucho**	Ohr
krk	Hals	**chrbát**	Rücken
srdce	Herz	**zub**	Zahn

Mám hnačku/horúčku.
(ich-)habe Durchfall(4)/Fieber(4)
Ich habe Durchfall/Fieber.

Som prechladnutý/prechladnutá.
(ich-)bin erkältet(m/w)
Ich bin erkältet.

Je mi zle.
(es-)ist mir(3) schlecht(Umst.)
Mir ist übel.

Mám alergiu na acylpyrín.
(ich-)habe Allergie(4) auf Aspirin(4)
Ich habe eine Allergie gegen Aspirin.

Dvakrát/trikrát denne jednu tabletku (berte).
zweimal/dreimal täglich eine(4) Tablette(4) (nehmt(!))
(Nehmen Sie) 2-/3-mal täglich eine Tablette.

Pichla ma osa/včela.
gestochen(w,v) mich(4) Wespe/Biene
Eine Wespe/Biene hat mich gestochen.

Pohrýzol ma pes.
gebissen(m,v) mich(4) Hund
Ein Hund hat mich gebissen.

Uštipol ma had.
gekniffen(m,v) mich(4) Schlange
Eine Schlange hat mich gebissen.

Toilette

In den meisten öffentlichen Toiletten gibt es eine Klofrau, die Geld für die Benutzung des WC's kassiert und Klopapier verkauft. Wo es keine Klofrau gibt, gibt es in der Regel auch kein Klopapier; deshalb sollte man immer ein bisschen davon bei sich haben.

Z / ženy / dámy
Damen

M / muži / páni
Herren

Kde je záchod?
wo (es-)ist Klo
Wo ist das Klo?

Je tu blízko verejné WC? („WC" sprich: „*weze*")
(es-)ist hier nah(Umst.) öffentliches WC
Gibt es in der Nähe ein öffentliches WC?

Idem na záchod.
(ich-)gehe auf Klo(4)
Ich gehe aufs Klo.

On/ona je na záchode.
er/sie ist auf Klo(6)
Er/sie ist auf dem Klo.

Máte toaletný papier?
(ihr-)habt Toiletten(4) Papier(4)
Haben Sie Klopapier?

Schimpfen & Fluchen

Die hier genannten Beschimpfungen empfehle ich nicht zum Eigengebrauch. Es ist jedoch manchmal gut, wenn man sie versteht.

nadávať (nadávam) (+ 3.)	(jem.) beschimpfen; schimpfen, fluchen
nadávanie	Beschimpfung
nadávka –	Fluch – Beleidigung
urazený/urazená (m/w)	beleidigt sein

Zunächst die eher harmlosen Flüche, die nicht gerade höflich sind, aber sicherlich niemanden sonderlich schockieren.

Do kelu! *in Kohl(2)*	Zum Teufel!
Do prdele! / Do riti! *in Po(2) / in Po(2)*	Zum Donnerwetter!
Ty si debil. *du bist Schuft*	Du bist ein Schuft.
On je taký blbec! *er ist so-ein Dummkopf*	Er ist so dumm!
Vypadni! *wegfall(!)*	Verschwinde!
Choď do pekla! *geh(!) zu Hölle(2)*	Geh zur Hölle!

Jetzt die echten Flüche, die man selber nicht ausprobieren sollte, um sich nicht „unbeliebt" zu machen.

somár!	Esel!	**hajzel!**	Klo!
sviňa!	Schwein!	**kurva!**	Hure!

Ty somár! *(du Esel)*	Du Esel!
To sú hajzli! *das (sie-)sind Klos*	Sie sind Arschlöcher!
Do piči! *(in Fotz(2))*	Zum Teufel!
Vylez mi na kokot! *klettre(!) mir(3) auf Schwanz(4)*	Leck mich mal!

Nichts verstanden? – Weiterlernen!

Die Verständigung klappt immer noch nicht? Versuchen Sie's noch einmal!

Prosím? / Čože?
(ich-)bitte / was
Wie bitte?

Nerozumiem.
nicht-(ich-)verstehe
Ich verstehe nicht.

Pomaly, prosím.
langsam, (ich-)bitte
Langsam, bitte.

Prepáčte, nehovorím dobre po slovensky.
verzeiht(!), nicht-spreche gut auf slowakisch(Umst.)
Verzeihen Sie, ich spreche nicht gut Slowakisch.

Hovoríte po slovensky/anglicky/nemecky?
(Ihr-)sprecht auf slowakisch(Umst.)/ englisch(Umst.)/deutsch(Umst.)
Sprechen Sie Slowakisch/Englisch/Deutsch?

Len trošku.
nur bisschen
Nur ein wenig.

Ešte raz prosím!
noch Mal (ich-)bitte
Noch einmal, bitte!

Čo znamená ...?
was (es-)bedeutet
Was bedeutet ...?

Čo je to?
was (es-)ist das
Was ist das?

Ako sa to povie po slovensky?
wie sich das (man-)sagt(v) auf slowakisch(Umst.)
Wie sagt man das auf Slowakisch?

Ako sa to píše?	**Môžete to napísať?**
wie sich das schreibt	*könnt das(4) aufschreiben*
Wie schreibt man das?	Können Sie das aufschreiben?

Tschechisch & Slowakisch

Dieses Kapitel ist für diejenigen Leser gedacht, die sich schon ein bisschen mit Tschechisch auskennen oder vorhaben, Tschechisch zu lernen, und schon ein bisschen Slowakisch können. Der Wortschatz und die Grammatik beider Sprachen sind fast identisch, die Unterschiede liegen in den Details. Alle tschechischen Wörter und Ausdrücke stehen jeweils in Klammern. Um Unterschiede zu verdeutlichen, ist die Aussprache manchmal in *kursiver* Schrift (in Klammern) ergänzt.

identische Wörter

ale	aber	**muž**	Mann
pivo	Bier	**červený**	rot
modrý	blau	**škola**	Schule
potom	dann, nachher	**hra**	Spiel
tam	dort	**jazyk**	Sprache; Zunge
otázka	Frage	**taška**	Tüte
žena	Frau	**a**	und
zelený	grün	**pod**	unter
pomoc	Hilfe	**pravda**	Wahrheit
káva	Kaffee	**víno**	Wein
láska	Liebe	**kam**	wohin

ähnliche Wörter

Slowakisch	Tschechisch	Deutsch
tiež	(také)	auch
niečo	(něco)	etwas
mať	(mít)	haben
tu	(tady)	hier
mal som	(měl jsem)	ich hatte
bol som	(byl jsem)	ich war
niekto	(někdo)	jemand
teraz	(teď)	jetzt
zajtra	(zítra)	morgen
nič	(nic)	nichts
ešte	(ještě)	noch
len	(jen)	nur
alebo	(nebo, anebo)	oder
pred	(před)	vor
kedy?	(kdy?)	wann?
prečo?	(proč?)	warum?
čo?	(co?)	was?
kto?	(kdo?)	wer?
ako?	(jak?)	wie?
koľko?	(kolik?)	wie viel?
kde? *(gdje)*	(kde?) *(gde)*	wo?
medzi	(mezi)	zwischen

unterschiedliche Wörter

stanica	(nádraží)	Bahnhof
lístok	(jízdenka)	Fahrkarte
fľaša	(láhev)	Flasche
poznať	(znát)	kennen
chorý	(nemocný)	krank
robiť	(dělat)	machen
fajčiť	(kouřit)	rauchen
zlý	(špatný)	schlecht

pekný	(hezký)	schön
električka	(tramvaj)	Straßenbahn
bývať	(bydlet)	wohnen
izba	(pokoj)	Zimmer

unterschiedliche Formulierungen

Dobré ráno!
(Dobré jitro!)
Guten Morgen!

Do videnia!
(Na shledanou!)
Auf Wiedersehen!

Ako sa voláš?
(Jak se jmenuješ?)
Wie heißt du?

Koľko máš rokov?
(Kolik je ti let?)
Wie alt bist du?

To sa mi páči.
(To se mi líbí.)
Das gefällt mir.

Prepáčte!
(Promiňte!)
Entschuldigung!

unterschiedliche Wortendungen

-ácia, -cia	(-ace, -ce)	
informácia	(informace)	Information
reštaurácia	(restaurace)	Restaurant
-áreň	(-árna)	
vináreň	(vinárna)	Weinstube
lekáreň	(lékárna)	Apotheke
-stvo, -ctvo	(-ství, -ctví)	
kníhkupectvo	(knihkupectví)	Buchhandlung
hospodárstvo	(hospodářství)	Wirtschaft
-ie	(-í)	
poschodie	(poschodí)	Stockwerk
námestie	(náměstí)	Platz
-ný, -ná, -né	(-ní)	
hlavná stanica	(hlavní nádraží)	Hauptbahnhof
zubná pasta	(zubní pasta)	Zahnpasta

unterschiedliche Selbstlaute

a	(e)	
hľadať	(hledat)	suchen
čakať	(čekat)	warten
ie	(í)	
viem	(vím)	ich weiß
rozumiem	(rozumím)	ich verstehe
o	(e)	
ktorý?	(který?)	welcher?
som	(jsem)	ich bin
ô oder **o**	(u°)	
dom	(du°m)	Haus
dôležitý	(du°ležitý)	wichtig
ú	(ou)	
dobrú noc!	(dobrou noc!)	gute Nacht!
dúfam	(doufám)	ich hoffe; hoffentlich

Grammatik

Im Slowakischen lautet die Endung für die 1. Person Ez („ich") -ám, -ím oder -em, im Tschechischen dagegen oft auch auf -u oder -i.

ďakujem	(děkuji)	ich danke
chcem	(chci)	ich will

Das slowakische Verb byť (sein) wird durch vorangestelltes nie (nein, nicht) verneint, im Tschechischen durch die Vorsilbe ne-.

nie som	(nejsem)	ich bin nicht
nie si	(nejseš)	du bist nicht

Im Slowakischen wird die Möglichkeitsform mit der Partikel by gebildet, die der tschechischen Partikel bych entspricht.

bol/bola by som	(byl/byla bych)	ich (m/w) wäre
bol/bola by si	(byl/byla bys)	du (m/w) wärest

Im Tschechischen unterscheidet man zwischen jíti (gehen) und jeti (fahren). Das slowakische Verb ísť dagegen vereint beide Bedeutungen in sich:

Idú do školy.
(sie-)gehen zu Schule(2)
Sie gehen zur Schule.

Idú autobusom.
(sie-)fahren Bus(7)
Sie fahren mit dem Bus.

Literaturhinweise

Die hier genannten Bücher/Schriften sind nicht über den Reise Know How Verlag erhältlich.

Es gibt nur wenige Bücher über Slowakisch. Denjenigen, die ihre Kenntnisse vertiefen möchten, empfehle ich folgende Bücher:

- **Taschenlehrbuch Slowakisch,** von Ľudmila Brinkel und Karl-Heinz Berger. VEB Verlag Enzyklopädie, Leipzig 1990. (ein traditionelles Lehrbuch der slowakischen Grammatik)
- Slowakisch-Deutsche und Deutsch-Slowakische **Taschenwörterbücher** werden von Langenscheidt herausgegeben.
- **Slovenčina pre cudzincov** („Slowakisch für Ausländer"), von T. Dratva, J. Vallo, V. Buznová und K. Sorby. Slovenské pedagogické nakladateľstvo, Bratislava 1987. (Dies ist ein Lehrbuch für ausländische Studenten an slowakischen Universitäten, und deswegen ist es nur auf Slowakisch. Dafür hat es Erklärungen in Bildern, übersichtliche Grammatiktabellen und viele, viele Übungen.)
- **Dobrý deň Slovenčina** („Guten Tag Slowakisch"), vom Autorenkollektiv am Institut für Sprach- und Fachvorbereitung für ausländische Studenten der Komenius-Universität. Bratislava 1991. (Ein Lehrbuch und Arbeitsheft in einem Band. Die Erklärungen in diesem Buch sind ebenfalls nur auf Slowakisch.)
- Für Englisch-Kundige könnte das folgende Lehrbuch nützlich sein: **Basic Slovak,** von Jozef Mystrík. Slovenské pedagogické nakladateľstvo, 1980.
- In der Slowakei sind mehrere Slowakisch-Deutsche/Deutsch-Slowakische **Wörterbücher** erhältlich. Die meisten sind für Slowaken geschrieben worden und haben deswegen weder grammatische Erklärungen für das Slowakische noch Informationen über unregelmäßige Endungen und Verbformen.

Wörterlisten

Die Wörterlisten enthalten einen Grundwortschatz von ca. 1000 Wörtern. Vokabular, das man in den einzelnen Kapiteln nachschlagen kann, ist hier nicht immer aufgeführt. Damit Sie die Wörterlisten richtig nutzen können, hier einige Hinweise zur Systematik:

Hauptwörter: *Unregelmäßige Mehrzahl-Endungen sind in Klammern angegeben. Weicht das grammatische Geschlecht eines Hauptwortes von der im Kapitel „Hauptwörter" dargestellten Regel ab, ist dies gekennzeichnet, lies:*

stanic/a (-e)
stanica (Ez),
stanice (Mz)
noc (-i) (w)
noc (Ez), **noci** (Mz),
weiblich
okuliare (m Mz)
okuliare, männlich,
gibt es nur in der
Mehrzahl

Verben: *Hinter jedem Verb steht die 1. Person Einzahl („ich") in Klammern, da man von dieser gebeugten Form die Beugungsgruppe ableiten kann, lies:*

mať (mám)
mať (haben),
mám (ich habe)
dovol/iť (-ím)
dovoliť (erlauben),
dovolím (ich erlaube)

Einige Verben bilden auch die **3. Person Mehrzahl unregelmäßig** *und/oder haben ein* **unregelmäßiges Partizip** *der Vergangenheit, lies:*

rozum/ieť (-iem,
3. Mz -ejú)
rozumieť (verstehen),
rozumiem (ich
verstehe), **rozumejú**
(sie verstehen)
jesť (jem, 3. Mz jedia,
P jedol)
jesť (essen), **jem** (ich
esse), **jedia** (sie essen),
jedol (gegessen, m)
ísť (idem, P išiel, išla)
ísť (gehen), **išiel**
(gegangen, m), **išla**
(gegangen, w)

Nach **unpersönlichen Verben** *(wie z. B. „regnen") steht die 3. Person Einzahl („es ...") mit der Abkürzung „3." in Klammern, lies:*

pršať (3. prší)
pršať (regnen),
prší (es regnet)

Rückbezügliche Verben *erfordern immer ein rückbezügliches Fürwort (*si

Wörterliste Deutsch – Slowakisch

oder sa*), egal, ob das Verb in der Grundform oder in einer gebeugten Form steht, lies:*

tešiť sa (teším sa)
tešiť sa (sich freuen), **teším sa** (ich freue mich)

Die mit „(v)" gekennzeichneten Verben stehen im **vollendeten Aspekt,** *alle nicht extra gekennzeichneten im unvollendeten.* **Verhältniswörter** *und* **Verben** *ziehen jeweils bestimmte* **Fälle** *nach sich. Um welchen es sich jeweils handelt, kann man an der „Nummer" ablesen, z. B.:*

v, vo (+6)
v, vo erfordert den 6. Fall (Lokativ)
čakať (čakám) (na +4)
čakať wird zusammen mit dem Verhältniswort **na** verwendet und verlangt dann den 4. Fall.

A

ab od, odo (+2)
Abend večer (-e)
abends večer
aber ale
abfahren odí/sť (-dem, P odišiel)
Abfahrt odchod
Abteilung oddelenie
alle (Leute) všetci (Mz)
allein sám (sama)
alles všetko
als (zeitl.) keď
als, wie (Vergl.) ako
also takže
alt starý
Amt úrad
an na (+4/+6)
an (zeitl.) v (+4)
anbieten (jmd. etw.) ponúka/ť (-m) (+3 +4)
anderen, die ostatní (m/b Mz)
anderer druhý
anders inak
anfangen začína/ť (-m) (+4)
angenehm príjemný
Angst strach
anhalten zastav/iť (-ím) (v)
anmelden (bei), sich zapí/sať (-šem) (u +2) (v)
anrufen (jmd.) zavol/ať (-ám) (+3) (v)
anstatt namiesto (+2)
Antwort odpove/ď (-de) (w)
antworten (jmd.) odpov/edať (-iem) (+3) (v)
anziehen, sich oblie/cť sa (oblečiem sa)
Apotheke lekár/eň (-ne) (w)
Arbeit prác/a (-e)
arbeiten prac/ovať (-ujem)
Arbeitsplatz pracovisko
arm chudobný
Art druh
Arzt lekár (-i)
Aschenbecher popolník
auch aj; tiež
auf na (+4/+6)
Aufenthalt pobyt
aufhören presta/ť (-nem) (+4) (v)
aufpassen (auf) dať pozor (na +4)
aufregen, sich rozčúli/ť sa (-m sa) (v)

aufstehen vsta/ť (-nem)
aufwachen zobud/iť sa (-ím sa) (v)
Auge oko (oči)
aus z, zo (+2)
Ausflug výlet
Ausgang (aus) východ (z +2)
ausgeben (jmd. etw.) vyd/ať (-ám) (+3 +4) (v)
Ausland zahraničie
Ausländer cudzin/ec (-ci)
ausländisch zahraničný
ausreichen (jmd.) stač/iť (3. -í) (+3)
Ausreise odchod
aussehen vyzer/ať (-ám)
aussteigen (aus) vystup/ovať (-ujem) (z +2)
Austellung výstava
ausverkauft vypredané
auswandern emigrovať
Ausweis preukaz
ausziehen, sich vyzl/iecť sa (-ečiem sa)
Auto auto
Autobahn diaľnic/a (-e)

B

backen piecť (pečiem) (+4)
Badehose plavky (Mz)
baden kúp/ať sa (-em sa)
Badezimmer kúpel/ňa (-ne)
Bahnhof stanic/a (-e)
Bahnsteig nástupište
bald skoro
Bank (Geld) banka
Bargeld hotové peniaze (w Mz)
Bauer farmár (-i)
Baum strom
beeilen, sich ponáhľa/ť sa (-m sa)
begegnen (jmd.) stretn/úť (-em) (+4) (v)
begleiten sprevádza/ť (-m) (+4)
begrüßen pozdrav/iť sa (-ím sa) (+4)
bei u (+2)
beides obidve (w Mz)
Beispiel príklad
Beispiel, zum ... napríklad
bekannt známy
Bekannter známy
bekannt machen, sich zoznámi/ť sa (-m sa) (v)
bekommen dosta/ť (-nem) (v)
beleidigen (jmd.) uraz/iť (-ím) (+4) (v)
bemerken všimn/úť si (-em si) (+4) (v)
bemühen, sich snaž/iť sa (-ím sa)
benachrichtigen oznámi/ť (-m) (+4) (v)
bequem pohodlný
Berg hora
berühmt slávny
beschweren (bei jmd. über), sich sťaž/ovať sa (-ujem sa) (+3 +4)
besetzt obsadený
Besitzer majite/ľ (-lia)
besonders najmä
besser lepší
bestellen objednáva/ť (-m) (+4) (v)
Besuch návšteva
besuchen (jmd.) navštev/ovať (-ujem) (+4)
betrunken opitý
Bett poste/ľ (-le) (w)
bevor predtým ako/čo
bezahlen zaplat/iť (-ím) (+4) (v)
Bier pivo
Bild obraz
billig lacný
bis (nach) až (+4)
bis (örtl.) do (+2)

bis jetzt doteraz
bisschen, ein trošku (+2)
bitter (Geschmack) horký
bleiben (bei) zosta/ť (-nem) (s +7) (v)
Bleistift ceruzka
blöd stupídny, hlúpy
Blume kvet
Blut krv (-i) (w)
Boden (Land) zem (w)
Böhmen Čechy (w Mz)
Boot čln
böse sein nahnev/ať sa (-ám sa) (v)
Botschaft (dipl.) veľvyslanectvo
brauchen potreb/ovať (-ujem) (+4)
breit široký
brennen hor/ieť (3. -í)
Brief list
Brille okuliare (m Mz)
bringen (jmd. etw.) prin/iesť (-esiem) (+3 +4) (v)
Brot chlieb
Brötchen žem/ľa (-le)
Brücke most
Buch kniha
Burg hrad
Büro kancelária
Bus autobus

C/D

Café kaviar/eň (-ne)
damals vtedy
damit (mit dem) tým
danken (jmd.) ďak/ovať (-ujem) (+3)
dann vtedy; potom
das to
dauern trvať (3. trvá)
Decke (Bett-) prikrývka
denken mysl/ieť (-ím)
denn lebo
dennoch predsa
deshalb preto
deutsch nemecký
Deutsche Nemka
Deutscher Nem/ec (-ci)
Deutschland Nemecko
dick tučný
doch predsa, ale áno, však
doch nicht ale nie
Dom dóm
Dorf dedina
dort(hin) tam
drinnen vnútri
dumm blbý
Dummkopf blbec (blbci)
dunkel tmavý
dünn tenký
durch (über) cez, cezo (+4)
dürfen smie/ť (-m)
durstig (sein) smädný (byť)
Dusche sprcha
duschen osprch/ovať (-ujem)

E

Ecke roh
egal jedno
Ehefrau manželka
Ehemann manžel (-ia)
einfach jednoduchý
Eingang (in) vchod (do +2)
einige niekoľko (+2)
einladen (jmd. zu etw.) pozýva/ť (-m) (+4 na +4)
Einladung pozvanie
einmal raz
einpacken zabal/iť (-ím) (+4) (v)
einsteigen (in) nastup/ovať (-ujem) (do +2)
eintreten (in) vstup/ovať (-ujem) (do +2)
Eintrittskarte vstupenka
einzig jediný
Eis ľad
Eis (Speise-) zmrzlina
Eisenbahn železnica

elektrisch elektrický
Eltern rodičia (Mz)
Ende kon/iec (-ce)
endlich konečne
eng úzky
entlang po (+6/+4)
Erde (Land) zem (w)
Erfahrung skúsenos/ť (-ti) (w)
Erfolg úspech
erholen, sich oddýchn/uť si (-em si)
erinnern (an), sich pamät/ať si (-ám si) (na +4)
erklären (jmd. etw.) vysvetl/iť (-ím) (+3 +4)
erlauben (jmd. etw.) dovol/iť (-ím) (+3 +4)
Ermäßigung zľava
erreichen (Zug) stihn/úť (-em) (+4)
ersetzen (etw. durch etw.) nahrad/iť (-ím) (+4 +7)
erwähnen (etw.) vrav/ieť (-ím) (+4)
essen jesť (jem, 3. Mz jedia, P jedol)
etwa asi
etwas niečo

F

Fabrik továr/eň (-ne) (w)
Fähre prevoz
fahren (gehen) ísť (idem, P išiel, išla)
Fahrkarte cestovný lístok
Fahrrad bicyk/el (-le)
Fahrt cesta
Fakultät fakulta
fallen pad/ať (-ám)
fallen lassen pust/iť (-ím) (+4)
falsch falošný
Familie rodina
Familienname priezvisko
Farbe farba
fast skoro, takmer
faul (träge) lenivý
fehlen (jmd.) chýba/ť (-m) (+3)
Fehler chyba
Feier oslava; slávnos/ť (-ti) (w)
feiern oslav/ovať (-ujem) (+4)
Feiertag sviat/ok (-ky)
Feld pole
Ferien prázdniny (w Mz)
Fernsehgerät televízor
fertig hotový
Feuer oh/eň (-ne)
Fieber horúčka
finden náj/sť (-dem, P našiel, našla) (v); traf/iť (-ím) (+4) (v)
Firma firma
Fisch ryba
Flasche fľaš/a (-e)
Fleisch mäso
fleißig usilovný
fliegen lieta/ť (-m)
flirten (mit) flirt/ovať (-ujem) (s +7)
Flughafen letisko
Flugticket letenka
Flugzeug lietadlo
Fluss rieka
Fotoapparat kamera
Frage otázka
fragen (jmd. etw.) spýta/ť sa (-m sa) (+2 +4) (v)
Freiheit sloboda
fremd cudz/í (-ia, -ie)
freuen (auf), sich teš/iť sa (-ím sa) (na +4)
Freund priate/ľ (-lia)
Freundin priateľka
freundlich priateľský
Frieden mier
frieren mrzn/úť (-em)
frisch (Obst) čerstvý
Friseur kaderník
fröhlich veselý
früh skoro
früher (eher) skôr
Frühling jar
Frühstück raňajky (w Mz)
fühlen (sich) cíti/ť (-m)

(sa)
führen (jmd.) vie/sť (vediem, P -dol) (+4)
funktionieren fung/ovať (3. -uje)
für (Gegenstände) na (+4)
für (Personen) pre (+4)
fürchten vor, sich báť sa (bojím sa) (+2)
Fuß, zu peši

G

ganz celý
Garderobe šat/ňa (-ne)
Garten záhrada
Gas plyn
Gast hos/ť (-tia)
Gastfreundschaft pohostinnosť
Gastgeber hostite/ľ (-lia)
Gebäude budova
geben (jmd. etw.) dať (dám) (+3 +4) (v)
Gebühr poplat/ok (-ky)
Geburstag narodeniny (Mz)
Gedicht bás/eň (-ne) (w)
gefährlich nebezpečný
gefallen (jmd.) páčiť sa (3. páči sa) (+3)
Gefühl pocit
gegen proti (+3)
gegenüber oproti (+3)
gehen ísť (idem, P išiel, išla)
gehören (zu) patr/iť (-ím) (k +3)
Geld peniaze (m Mz)
Geliebte miláčik
Gemüse zelenina
genau presne
genug dosť
geöffnet otvorený
Gepäck batožina
geradeaus rovno
gern rád (rada)
gerne haben mať rád
Geschäft (Laden) obchod
Geschenk darček
Geschichte (Erzählung) poviedka
Geschichte (hist.) história
geschlossen zatvorené
Gesellschaft spoločnos/ť (-ti) (w)
Gesetz zákon
Gesicht tvár (-e) (w)
Gespräch rozhovor
gestern včera
gesund zdravý
Gesundheit zdravie
Getränk nápoj (-e)
gewinnen vyhr/ať (-ám) (+4) (v)
gewöhnen an, sich zvykn/úť si (-em si) na (+4)
Gewohnheit zvyk
gewöhnt sein (daran) zvyknutý (na to)
Gewürz korenie
giftig otravný
Glas (Becher) pohár (-e), **(Material)** sklo
glauben (jmd. etw.) ver/iť (-ím) (+3 +4)
Gleis koľaj (-e)
Glück šťastie
glücklich (sein) šťastný (byť)
Gott boh (-ovia)
Grenze hranic/a (-e)
Grippe chrípka
groß veľký
Größe veľkos/ť (-ti) (w)
Grund dôvod
Gruppe skupina
grüßen (jmd.) zdrav/iť (-ím) (+4) (v)
gültig platný
gut dobrý

H

haben (besitzen) mať (mám)
halb pol (+2)
Hälfte polovica (+2)
halten drž/ať (-ím) (+4)

Haltestelle zastávka
handeln obchod/ovať (-ujem)
hart tvrdý
hässlich škaredý
Hauptstadt hlavné mesto
Haus dom
Hause, nach ... domov
Hause, zu doma
heben zdvihn/úť (-em) (+4) (v)
heiraten (nur Frauen) vyd/ať sa (-ám sa) (za +4) (v)
heiraten (nur Männer) ožen/iť sa (-ím sa) (s +7) (v)
heiß horúci
heißen vol/ať sa (-ám sa)
helfen (jmd.) pom/ôcť (-ôžem, P ohol) (+3) (v)
hell svetlý
Herbst jeseň
Herz srdce
heute dnes
hier tu
hierher odtiaľ, sem
Hilfe pomoc (w)
Himmel obloha
hinten vzadu
hinter za (+7/+4)
hinterlassen (jmd. etw.) nech/ať (-ám) (+3 +4)
Hitze teplo
hoch vysoký
Hochzeit svadba
hoffen dúfa/ť (-m)
höflich slušný
hören poču/ť (-jem) (+4)
Hose nohavice (w Mz)
Hotel hotel
Hügel kop/ec (-ce)
Hund pes (psi od.: psy)
hungrig (sein) hladný (byť)
Hut klobúk
Hütte chata

I

Idee nápad
immer vždy
in (hinein) do (+2)
in (örtl.) v (+6)
in (zeitl.) v (+4), za (+4), o (+4)
inbegriffen zahrnutý
Industrie priemysel
Information informácia
Insekt hmyz (Ez)
Insel ostrov
Institut ústav
intelligent inteligentný
interessant zaujímavý
Interesse záuj/em (-my)
international medzinárodný
irgendwann niekedy
irgendwie nejako
irgendwo niekde
irren, sich pomýli/ť sa (-m sa) (v)
Irrtum omyl

J

ja áno, no
Jacke (Windjacke) vetrovka
jagen poľ/ovať (-ujem)
Jahr rok
jeder každý
jedoch však
jemand niekto
jetzt teraz
jung mladý
Junge chlap/ec (-ci)

K

Kaffee káva
kalt (Getränk) chladný
kalt (Speisen) studený
Kälte zima
kaputt pokazený
Kasse poklad/ňa (-ne)
Kassette kazeta
kaufen kúpi/ť (-m) (v)

Kaufhaus obchodný dom
Kekse keksíky (Mz)
kennen pozn/ať (-ám)
Kind dieťa (deti) (s)
Kino kino
Kirche kostol
klar jasný
Klasse trieda
Kleidung šaty (w Mz)
klein malý
klug šikovný
Kneipe krčma
Knoblauch cesnak
Knochen kos/ť (-ti)
kochen (jmd. etw.) var/iť (-ím) (+3 +4)
Koffer kuf/or (-re)
kommen dosta/ť sa (-nem sa) (v); prí/sť (-dem, P prišiel) (v)
können môcť (môžem, P mohol, mohla)
können (wissen) ved/ieť (viem, 3. Mz -ia, P el)
Konserven konzervy (w Mz)
Konsulat konzulát
kontrollieren kontrol/ovať (-ujem) (+4)
Konzert koncert
Kopf hlava
kosten (Preis) st/áť (3. -ojí)
kosten (probieren) ochutn/ať (-ám) (+4) (v)
Kraft (Stärke) sila
krank chorý
Krankenhaus nemocnica
Krankheit choroba
Kreuzung križovatka
Krieg vojna
Krone (Währung) koruna
Kuchen koláč (-e)
Kuh krava
Kühlschrank chladnička
Kuli pero
Kultur kultúra
Kunst umenie
kurz krátky
küssen pobozk/ať (-ám) (+4 (v)
Küste pobrežie

L

lächeln usmieva/ť sa (-m sa)
lachen (jmd. aus-) sm/iať sa (-ejem sa) (+3)
Lampe lampa
Landkarte mapa
Landschaft krajina
lange dlhý
langsam pomaly
langweilig nudný
laufen (rennen) beh/ať (-ám)
laut hlasný
leben ži/ť (-jem)
Leben život
Lebensmittel potraviny (w Mz)
ledig slobodný
leer prázdny
legen polož/iť (-ím) (+4) (v)
leicht ľahký
leider bohužiaľ
leihen (von), sich požičať si (od +2) (v)
lernen uč/iť sa (ím sa) (+4)
lesen číta/ť (-m) (+4)
letzter posledný
letztes Mal minulé
Leute ľudia (Mz)
Licht svetlo
Liebe láska
lieben (jmd./etw.) mil/ovať (-ujem) (+4)
liegen lež/ať (-ím)
linke(r, -s) ľavý
Loch diera
Lohn, Gehalt plat
lohnen, sich oplat/iť sa (3. -í sa) (v)
lügen (jmd. be-) klam/ať (-em) (+3)

M

machen (tun) (jmd. etw.) rob/iť (-ím) (+3 +4)
Macht moc (-i) (w)
Mädchen dievča (-tá) (s)
mal (z. B.: zwei-) krát (z. B.: dva-)
manche mnoho (+2)
manchmal niekedy, občas
Mann muž (-i)
Markt trh
Maschine stroj (-e)
mehr viac
melden (bei), sich ozv/ať sa (-em sa) (+3) (v)
Mensch (Person) človek (Ez)
Messer nôž (nože)
mieten naj/ať (-mem)
Milch mlieko
mit s, so (+7)
mitnehmen vziať (vezmem) so sebou (v)
Mittag poludnie
Mittagessen obed
Mitte stred
möglich možný
Monat mesiac (-e)
Monatskarte (Bahn) električenka
Mond mesiac (-e)
morgen zajtra
Morgen ráno
morgens ráno
Motorrad motorka
Mücke komár (-e)
müde unavený
Münze minc/a (-e)
muss, man ... treba
Musik hudba
müssen mus/ieť (-ím)
Mutter matka

N

nach (Richtung) do (+2)
nach (zeitl.) po (+6)
Nachbar sused/susedia
nachdem potom ako
Nachmittag popoludnie
Nachricht správa, odkaz
nächster ďalší
nächstes Mal nabudúce
Nacht noc (-i) (w)
nah (in der Nähe) blízko (+2)
nähen ši/ť (-jem) (+4)
Name meno
nämlich totiž
nass mokrý
Nation národ
Natur príroda
natürlich (nicht künstlich) prírodný
natürlich (selbstverst.) prirodzene
neben vedľa (+2)
nehmen vziať (vezmem) (+4) (v), zob/rať (-eriem) (+4) (v)
nein nie
nett milý
neu nový
neugierig zvedavý
nicht nie
nicht wahr? však?
nichts nič
niedrig nízky
noch ešte
noch einmal ešte raz
noch nicht ešte nie
Norden sever
normal normálny
notwendig nutný
notwendig, es ist ... treba
nur len, iba

O

ob či
oben hore
Obst ovocie
oder alebo
öffnen otvor/iť (-ím) (+4) (v)
Öffner otvárak

oft často
ohne bez, bezo (+2)
Öl olej (-e)
Oper opera
Ordnung poriadok
Ort (Platz) miesto
Osten východ
Österreich Rakúsko
Österreicher Rakúšan (-ia)
Österreicherin Rakúšanka
österreichisch rakúsky

P

paar pár
Paar pár
Papier papier (-e)
Park park
parken park/ovať (-ujem) (+4)
Parkplatz parkovisko
Partei strana
passen (recht sein) (jmd.) vyhov/ovať (3. -uje) (+3)
Pause prestávka
Person osoba
Personalausweis občiansky preukaz
Pfarrer farár (-i)
Pferd kôň (kone)
Pflanze rastlina
Pförtner vrátni/k (-ci)
Plan plán
planen plán/ovať (-ujem) (+4)
Platzkarte miestenka
plötzlich zrazu
Politik politika
Polizei polícia
Post pošta
Preis cena
privat súkromný
Problem problém
Puppe bábka

Q

Qualität kvalita
Quelle zdroj (-e)
Quittung potvrdenka

R

rasieren, sich hol/iť sa (-ím sa)
rauchen fajč/iť (-ím)
Raum miestnos/ť (-ti) (w)
Rechnung účet
Recht (gesetzl.) právo
rechtzeitig včas
Regen dážď
Regierung vláda
registrieren registr/ovať (-ujem) (+4)
regnen prš/ať (3. -í)
reif zrelý
Reihe rad
Reisebüro cestovná kancelária
reisen cest/ovať (-ujem)
reparieren oprav/iť (-ím) (+4) (v)
reservieren (jmd. etw.) rezerv/ovať (-ujem) (+3 +4)
retten zachráni/ť (-m) (+4)
Rettungswagen sanitka
richtig pravý, správny
Richtung smer
Richtung, in diese tadiaľ(to)
roh surový
Rose ruž/a (-e)
rufen (jmd.) vol/ať (-ám) (+4)
Ruhe ticho, kľud
ruhig tichý, kľudne
Ruine ruina

S

Sache vec (-i) (w)
Saft džús
sagen (jmd. etwas) hovor/iť (-ím) (+3 +4); pov/edať (-iem, P -edal) (+3 +4) (v)
Salz soľ (w)
salzig slaný

sammeln zbiera/ť (-m) (+4)
satt (voll) plný
sauber čistý
säubern čist/iť (-ím) (+4)
sauer (Geschm.) kyslý
scharf ostrý
Schatten tie/ň (-ne) (w)
schauen pozer/ať sa (-ám sa)
Scheck šek
Schere nožnice (w Mz)
schicken (jmd. etw.) po/slať (-šlem) (+3 +4)
schlafen sp/ať (-ím)
schlagen bi/ť (-jem)
Schlauch rúra
schlecht zlý (zlá, zlé)
schließlich predsa
Schloss zám/ok (-ky)
Schlüssel kľúč (-e)
schmecken (jmd.) chut/iť (3. -í) (+3)
schmutzig špinavý
Schnee sneh
schneiden re/zať (-žem)
Schokolade čokoláda
schon už
schön pekný, krásny
schreiben (jmd. etw.) pí/sať (-šem) (+3 +4)
Schuh topánka
Schuld vina
schuldig vinný
Schule škola
schwach slabý
schwanger tehotná
Schweiz Švajčiarsko
Schweizer Švajčiar (-i)
schweizerisch švajčiarsky
schwer ťažký
Schwimmbad bazén
schwimmen pláv/ať (-am)
schwitzen pot/iť sa (-ím sa)
See, der jazero
See, die more
sehen vid/ieť (-ím, P -el) (+4)
sehr veľmi
zu sehr príliš
Seife mydlo
sein byť (som, P bol, bola)
seit od, odo (+2)
Seite strana
Selbstbedienung samoobsluha
selbstverständlich samozrejme
selten zriedka
seltsam čudný
setzen (auf), sich sadn/úť si (-em si) (na +4) (v)
sich si, sa
sicher istý
Situation situácia
sitzen (auf) sed/ieť (-ím) (na +6)
Slowake Slová/k (-ci)
Slowakei Slovensko
Slowakin Slovenka
slowakisch slovenský
so tak
Sofa gauč (-e)
sogar dokonca
solcher taký
sollen mať (mám)
Sommer leto
Sonne slnko
sozialistisch socialistický
sparen šetr/iť (-ím) (+4)
Spaß sranda
spät neskoro
später neskôr, potom
spazieren gehen ísť na prechádzku
Spaziergang prechádzka
Speise jedlo
spielen hr/ať (-ám)
Sprache jazyk
Staatsbürger občan (-ia)
stark silný
stehen st/áť (-ojím)
stehlen (jmd. etw.) kradn/úť (-em) (+3 +4)
steil príkry

Stein kame/ň (-ne)
stellen postav/iť (-ím) (+4) (v)
sterben umrie/ť (-m) (v)
Stern hviezda
Stimme hlas
Stockwerk poschodie
stören (jmd.) vad/iť (3. -í); ruš/iť (-ím) (+3)
Strafe trest
Strand pobrežie
Straße ulic/a (-e)
Straßenbahn električka
Streit hádka
streiten háda/ť sa (-m sa)
Strom (elektr.) prúd
Strömung prúd
Stück kus (+2)
Student študent (-i)
Studentenausweis študentský preukaz
Stuhl stolička
suchen hľad/ať (-ám) (+4)
Süden juh
Summe suma
süß (Geschm.) sladký
sympathisch sympatický

T

Tabak tabak
Tablette tabletka
Tag deň (dni)
täglich denne
Tal údolie
tanken tank/ovať (-ujem)
tanzen tanc/ovať (-ujem)
Tasche taška
Taschentuch vreckovka
Tasse šálka
Tee čaj (-e)
Teil čas/ť (-ti) (w)
teilen del/iť (-ím)
Telefon telefón
teuer drahý
Theater divadlo
Tier zviera (-tá) (s)
Tisch st/ôl (-oly)
Tod smrť (w)
Toilette záchod
Toilettenpapier toaletný papier
Tor brána
tot mŕtvy
töten zabi/ť (-jem) (+4) (v)
tragen nos/iť (-ím) (+4)
trampen stop/ovať (-ujem)
traurig smutný
treffen (mit), sich stretn/úť sa (-em sa) (s +7) (v)
trennen (etw.) oddel/iť (-ím) (+4) (v)
trinken pi/ť (-jem) (+4)
trocken suchý
trotzdem napriek tomu
Tscheche Če/ch (-si)
Tschechin Češka
tschechisch český
Tür dvere (w Mz)
Turm vež/a (-e)

U

üben cvič/iť (-ím) (+4)
über (oberhalb) nad (+4/+7)
überall všade
überhaupt vôbec
um (örtl.) okolo (+2)
um (Uhrzeit) o (+4)
Umgebung okolie
umgekehrt (andersrum) naopak
umsonst (kostenlos) zadarmo
umsonst (vergebens) zbytočný
umsteigen prestup/ovať (-ujem)
umtauschen vymen/iť (-ím) (+4) (v)
umziehen, sich prezl/iecť sa (-ečiem sa) (v)
und a
und so weiter a tak ďalej
Unfall nehoda

ungefähr okolo (+2)
ungültig neplatný
Universität univerzita
unten dole
unter pod (+7/+4)
Unterführung podchod
Unterkunft ubytovanie
unterrichten (etw.) uč/iť (-ím) (+4)
Urlaub dovolenka

V

Vater ot/ec (-covia)
Verabredung rande, stretnutie
verändern zmen/iť (-ím) (+4) (v)
verboten zakázaný
verdienen zarob/iť (ím) (+4) (v)
vergessen zabudn/úť (-em) (+4) (v)
Vergnügen zábava
verirren (verlaufen), sich zablúdi/ť (-m) (v)
verlassen (jmd./etw.) nech/ať (-ám) (+3/+4)
verleihen (an) požič/ať (-iam) (+3) (v)
verletzt zranený
Verletzung zranenie, úraz
verlieben (in), sich zaľúbi/ť sa (-m sa) (do +2) (v)
verlieren strat/iť (-ím) (v); prehr/ať (-ám) (+4) (v)
Versicherung poistenie
versprechen (jmd. etw.) sľúbi/ť (-m) (+3 +4) (v)
verstehen rozum/ieť (-iem, 3. Mz -ejú) (+3); cháp/ať (-em) (+4)
versuchen skúsi/ť (-m) (+4)
verteilen rozdel/iť (-ím) (v)
viel veľa (+2)
vielleicht možno
Vogel vtá/k (-ci)
voll plný
von od, odo (+2)
vor pred, predo (+7/+4)
vorbereiten chyst/ať (-ám) (+4); priprav/iť (-ím) (+4) (v)
vorgestern predvčerom
vorher predtým
Vorsicht pozor
vorstellen (jmd. etw.) predstav/iť (-ím) (+3 +4) (v)
Vorstellung predstavenie

W

wählen (etw./jmd.) vyb/rať (-eriem) (+4) (v)
wahr pravý
während počas (+2), zo (+2)
Wahrheit pravda
Wald les
Wand stena
Wanderung turistika
warm (Speisen) teplý
warten (auf) čak/ať (-ám) (na +4)
warum prečo
was čo
waschen (etw.) prať (periem) (+4); umýva/ť (-m) (+4)
Wasser voda
weg preč
Weg cesta
wegen kvôli (+3)
wehtun (jmd.) bol/ieť (3. -í) (+4)
weil pretože
weinen pla/kať (-čem)
weit ďaleko
weiter ďalej
Welt svet
wenig málo (+2)
wenn (falls) ak

wenn (zeitl.) keď
werden (zu) sta/ť sa (-nem sa) (+7) (v)
Werkzeug nástroj (-e)
Westen západ
Wetter počasie
wichtig dôležitý
wie? ako?
wieder zase
wiederholen zopak/ovať (-ujem) (+4) (v)
Wind vietor
Winter zima
wirklich naozaj, skutočný
Wirklichkeit skutočnos/ť (-ti) (w)
Woche týždeň
Wohl, zum ...! na zdravie!
wohnen bývať (bývam)
Wohnheim internát
Wohnung byt
wollen chc/ieť (-em)
Wort slovo
Wunder zázrak
wundern, sich čud/ovať sa (-ujem sa)
wünschen (jmd. etw.) žel/ať (-ám) (+3 +4)
Wurst klobása
Würstchen pár/ok (-ky)
wütend zúrivý

Z

Zahl číslo
zahlen plat/iť (-ím)
Zahn zub
Zahnarzt zubár (-i)
Zahnbürste zubná kefka
Zahnpasta zubná pasta
zärtlich nežný
zeigen (jmd. etw.) uká/zať (-žem) (+3 +4) (v)
Zeit čas
Zeitung noviny (Mz)
Zelt stan
zerbrochen rozbitý
zerstören znič/iť (-ím) (+4) (v)
ziehen ťah/ať (-ám) (+4)
Ziel cie/ľ (-le)
ziemlich dosť
Zigarette cigareta
Zimmer izba
Zoll clo
zu k, ku (+3)
zu viel priveľa (+2)
Zucker cukor (Ez)
Zufall náhoda
zufrieden spokojný
Zug vlak
zuhören počúva/ť (-m) (+4)
zuletzt nakoniec
zurück naspäť, späť
zusammen spolu
zweiter druhý
zwischen medzi (+3)

Wörterliste Slowakisch – Deutsch

A

a und
aj auch
ak wenn (falls)
ako als, wie (Vergleich)
ako? wie?
ale aber
ale áno doch
alebo oder
ale nie doch nicht
áno, no ja
asi etwa
a tak ďalej und so weiter
auto Auto
autobus Bus
až (+4) bis

B

bábka Puppe
banka Bank (Geld)
bás/eň (-ne) (w) Gedicht
batoh Rucksack
batožina Gepäck
báť sa (bojím sa) (+2) sich fürchten vor
bazén Schwimmbad
beh/ať (-ám) laufen, rennen
bez, bezo (+2) ohne
bicyk/el (-le) Fahrrad
bi/ť (-jem) schlagen
blbec (blbci) Dummkopf
blbý dumm
blízko (+2) nah, in der Nähe
boh (-ovia) Gott
bohužiaľ leider
bol/ieť (3. -í) (+4) wehtun (jmd.)
brána Tor
budova Gebäude
byt Wohnung
byť (som, P bol, bola) sein (Hilfsverb)
bývať (bývam) wohnen

C

celý ganz
cena Preis
cesnak Knoblauch
cesta Fahrt; Weg
cest/ovať (-ujem) reisen
cestovná kancelária Reisebüro
cestovný lístok Fahrkarte
cez, cezo (+4) durch, über
cie/ľ (-le) Ziel
cigareta Zigarette
cíti/ť (-m) (sa) fühlen (sich)
clo Zoll
cudz/í (-ia, -ie) fremd
cudzin/ec (-ci) Ausländer
cukor (Ez) Zucker
cvič/iť (-ím) (+4) üben

Č

čaj (-e) Tee
čak/ať (-ám) (na +4) warten (auf)
čas Zeit
často oft
časť (-i) (w) Teil
Čě/ch (-si) Tscheche
Čěchy (w Mz) Böhmen
čerstvý frisch (Obst)
Čěska Tschechin
český tschechisch
či ob
číslo Zahl
čistý sauber
číta/ť (-m) (+4) lesen
čln Boot
človek (Ez) Mensch, Person
čo was
čokoláda Schokolade
čudný seltsam
čud/ovať sa (-ujem sa) sich wundern

D

darček Geschenk
dať (dám) (+3 +4) (v) geben (jmd. etw.)
dať pozor (na +4) aufpassen (auf)
dážď Regen
dedina Dorf
del/iť (-ím) teilen
deň (dni) Tag
denne täglich
deti (s Mz) Kinder
diaľnic/a (-e) Autobahn
dieťa (deti) (s) Kind
dievča (-tá) (s) Mädchen
divadlo Theater
divoký wild
dlhý lange
dnes heute
do (+2) in (hinein), nach (Richtung), bis
dobrý gut
dokonca sogar
dole (nach) unten
dom Haus
dóm Dom
doma zu Hause
domov nach Hause
dosta/ť (-nem) (v) bekommen
dosta/ť sa (-nem sa) (v) kommen, gehen
dosť genug; ziemlich
doteraz bis jetzt
dovolenka Urlaub
dovol/iť (-ím) (+3 +4) erlauben (jmd. etw.)
dôležitý wichtig
drahý teuer
druh Art
druhý zweiter; anderer
drž/ať (-ím) (+4) halten
dúfa/ť (-m) hoffen
dvere (w Mz) Tür
džús Saft

Ď

ďak/ovať (-ujem) (+3) danken (jmd.)
ďalej weiter
ďaleko weit
ďalší nächster

E

elektrický elektrisch
električenka Monatskarte (Straßenbahn)
električka Straßenbahn
emigrovať auswandern
ešte noch
ešte nie noch nicht
ešte raz noch einmal

F

fajč/iť (-ím) rauchen
fakulta Fakultät
falošný falsch
farár (-i) Pfarrer
farba Farbe
farmár (-i) Bauer
firma Firma
flirt/ovať (-ujem) (s +7) flirten (mit)
fľaš/a (-e) Flasche
frajer (-i) Liebhaber
fung/ovať (3. -uje) funktionieren
futbal Fußball

G

gauč (-e) Sofa
gymnázium Gymnasium

H

háda/ť sa (-m sa) streiten
hádka Streit
história Geschichte (hist.)
hladný (byť) hungrig (sein)
hlas Stimme
hlasný laut
hlava Kopf

hlavné mesto Hauptstadt
hlúpy blöd
hľad/ať (-ám) (+4) suchen
hmyz (Ez) Insekt
hol/iť sa (-ím sa) sich rasieren
hora Berg
hore oben, nach oben
hor/ieť (3. -í) brennen
horký bitter (Geschmack)
horúci heiß
horúčka Fieber
hostite/ľ (-lia) Gastgeber
hos/ť (-tia) Gast
hotel Hotel
hotové peniaze (w Mz) Bargeld
hotový fertig
hovor/iť (-ím) (+3 +4) sprechen, sagen (jmd. etw.)
hrad Burg
hranic/a (-e) Grenze
hr/ať (-ám) spielen
hudba Musik

CH

cháp/ať (-em) (+4) verstehen (etw.)
chata Hütte
chc/ieť (-em) wollen
chladnička Kühlschrank
chladný kalt, kühl (Getränk)
chlap/ec (-ci) Junge
chlieb Brot
choroba Krankheit
chorý krank
chrípka Grippe
chudobný arm
chut/iť (3. -í) (+3) schmecken (jmd.)
chuť (w) Geschmack; Lust
chyba Fehler
chýba/ť (-m) (+3) fehlen (jmd.)
chyst/ať (-ám) (+4) (vor)bereiten

I

iba nur
inak anders
informácia Information
inteligentný intelligent
internát Wohnheim
istý sicher
ísť (idem, P išiel, išla) fahren, gehen
ísť na prechádzku spazieren gehen
izba Zimmer

J

jar Frühling
jasný klar
jazero (der) See
jazyk Sprache, Zunge
je ist; es gibt
jediný einzig
jedlo Essen, Speise
jedno egal
jednoduchý einfach
jeseň Herbst
jesť (jem, 3. Mz jedia, P jedol) essen
juh Süden

K

k (+3) zu
kabát Jacke (Sakko); Mantel
kaderník Friseur
kame/ň (-ne) Stein
kamera Fotoapparat
kancelária Büro
káva Kaffee
kaviar/eň (-ne) Café
kazeta Kassette
každý jeder
keď wenn, als (zeitl.)
keksíky (Mz) Kekse
kino Kino
klam/ať (-em) (+3) lügen (jmd. be-)
klobása Wurst
klobúk Hut

kľúč (-e) Schlüssel
kľud Ruhe
kľudne ruhig
kniha Buch
kníhkupectvo Buchhandlung
koláč (-e) Kuchen
koleno Knie
koľaj (-e) Gleis
komár (-e) Mücke
koncert Konzert
konečne endlich
kon/iec (-ce) Ende, Schluss
kontrol/ovať (-ujem) (+4) kontrollieren
konzervy (w Mz) Konserven
konzulát Konsulat
kop/ec (-ce) Hügel
korenie Gewürz
koruna Krone (Währung)
kostol Kirche
kos/ť (-ti) Knochen
kôň (kone) Pferd
kradn/úť (-em) (+3 +4) stehlen (jmd. etw.)
krajina Land (Staat); Landschaft
krásny schön
krát (z. B.: dva-) mal (z. B.: zwei-)
krátky kurz
krava Kuh
krčma Kneipe
križovatka Kreuzung
krv (-i) (w) Blut
ku (+3) zu
kuf/or (-re) Koffer
kultúra Kultur
kúp/ať sa (-em sa) baden
kúpel/ňa (-ne) Badezimmer
kúpi/ť (-m) (v) kaufen
kus (+2) Stück
kúsok (+2) Stückchen
kvalita Qualität
kvet Blume
kvôli (+3) wegen
kyslý sauer (Geschmack)

L

lacný billig
lampa Lampe
láska Liebe
lavic/a (-e) (Sitz-)Bank
lebo denn
lekár (-i) Arzt
lekár/eň (-ne) (w) Apotheke
len nur
lenivý faul (träge)
lepší besser
les Wald
letenka Flugticket
letisko Flughafen
leto Sommer
lež/ať (-ím) liegen
lietadlo Flugzeug
lieta/ť (-m) fliegen
list Blatt; Brief
líst/ok (-ky) Karte, Ticket
lyž/a (-e) Ski

Ľ

ľad Eis
ľahký leicht
ľavý linke(r, -s)
ľudia (Mz) Leute

M

majite/ľ (-lia) Besitzer
málo (+2) wenig
malý klein
manžel (-ia) Ehemann
manželka Ehefrau
mapa Landkarte
matka Mutter
mať (mám) haben, besitzen; sollen
mať rád gerne haben
mäkký weich
mäso Fleisch
medzi (+3) zwischen
medzinárodný international
meno Name
mesiac (-e) Mond; Monat
mier Frieden
miestenka Platzkarte

miestnos/ť (-ti) (w) Raum
miesto Ort, Platz
miláčik Geliebte
mil/ovať (-ujem) (+4) lieben (jmd./etw.)
milý nett
minc/a (-e) Münze
minulé letztes Mal, voriges Mal
mladý jung
mlieko Milch
mnoho (+2) viel, manche
moc (-i) (w) Macht
mokrý nass
more (die) See
most Brücke
motorka Motorrad
možno vielleicht
možný möglich
môcť (môžem, P mohol, mohla) können
mŕtvy tot
mrzn/úť (-em) frieren
mus/ieť (-ím) müssen
muž (-i) Mann
mydlo Seife
mysl/ieť (-ím) denken

N

na (+4) für (Gegenstände)
na (+4/+6) auf, an
nabudúce nächstes Mal
nad (+4/+7) über (oberhalb)
nahnev/ať sa (-ám sa) (v) böse sein
náhoda Zufall
nahrad/iť (-ím) (+4 +7) ersetzen (etw. durch etw.)
naj/ať (-mem) mieten
najmä besonders
náj/sť (-dem, P našiel, našla) (v) finden
nakoniec zuletzt
namiesto (+2) anstatt
naopak umgekehrt, andersrum
naozaj echt, wirklich
nápad Idee, Einfall
nápoj (-e) Getränk
napriek tomu trotzdem
napríklad zum Beispiel
národ Nation
narodeniny (Mz) Geburstag
naspäť zurück
nástroj (-e) Werkzeug, Instrument
nástupište Bahnsteig
nastup/ovať (-ujem) (do +2) einsteigen (in)
návšteva Besuch
navštev/ovať (-ujem) (+4) besuchen (jmd.)
na zdravie! zum Wohl!
nebezpečný gefährlich
nech/ať (-ám) (+3 +4) lassen (hinter-, ver-) (jmd. etw.)
nehoda Unfall
nejako irgendwie
Nemec (Nemci) Deutscher
Nemecko Deutschland
nemecký deutsch
Nemka Deutsche
nemocnica Krankenhaus
neplatný ungültig
neskoro spät
neskôr später
nežný zärtlich
nič nichts
nie nein; nicht
niečo etwas
niekde irgendwo
niekedy manchmal, irgendwann
niekoľko (+2) einige
niekto jemand
nízky niedrig
no ja
noc (-i) (w) Nacht
nohavice (w Mz) Hose
normálny normal
nos/iť (-ím) (+4) tragen
noviny (Mz) Zeitung
nový neu

nôž (nože) Messer
nožnice (w Mz) Schere
nudný langweilig
nutný notwendig

O

o (+4) um (Uhrzeit), in (zeitl.)
o (+6) über (ein Thema)
obálka (Brief-)Umschlag
občan (-ia) (Staats-)Bürger
občas manchmal
občiansky preukaz Personalausweis
obed Mittagessen
obchod Geschäft, Laden
obchodný dom Kaufhaus
obchod/ovať (-ujem) handeln
obidve (w Mz) beides
objednáva/ť (-m) (+4) (v) bestellen
oblie/cť sa (oblečiem sa) sich anziehen
obloha Himmel
obraz Bild
obsadený besetzt
oddelenie Abteilung
oddel/iť (-ím) (+4) (v) trennen
oddýchn/uť si (-em si) sich erholen
odchod Abfahrt; Ausreise
odí/sť (-dem, P odišiel) abfahren
odkaz Nachricht, Zettel
od, odo (+2) von, seit, ab
odpove/ď (-de) (w) Antwort
odpov/edať (-iem) (+3) (v) antworten (jmd.)
odtiaľ hierher, von dorther
oh/eň (-ne) Feuer
ochutn/ať (-ám) (+4) (v) kosten, probieren
oko (oči) Auge
okolie Umgebung
okolo (+2) um (örtl.); ungefähr
okuliare (m Mz) Brille
olej (-e) Öl
omyl Irrtum
opera Oper
opitý betrunken
oplat/iť sa (3. -í sa) (v) sich lohnen
oprav/iť (-ím) (+4) (v) reparieren
oproti (+3) gegenüber
oslava Feier
oslav/ovať (-ujem) (+4) feiern
osoba Person
osprch/ovať (-ujem) duschen
ostatní (m/b Mz) die anderen (übrigen)
ostrov Insel
ostrý scharf
otázka Frage
ot/ec (-covia) Vater
otravný giftig
otrav/ovať (-ujem) (+4) langweilen, anöden
otvárak Öffner
otvorený geöffnet, offen
otvor/iť (-ím) (+4) (v) öffnen
ovocie Obst
oznámi/ť (-m) (+4) (v) benachrichtigen, bekannt machen
ozv/ať sa (-em sa) (+3) (v) sich melden (bei)
ožen/iť sa (-ím sa) (s +7) (v) heiraten (jmd.) (nur Männer)

P

páčiť sa (3. páči sa) (+3) gefallen (jmd.)
pad/ať (-ám) fallen
pamät/ať si (-ám si) (na +4) sich erinnern (an)
papier (-e) Papier
pár Paar; ein paar

park Park
park/ovať (-ujem) (+4) parken
parkovisko Parkplatz
pár/ok (-ky) Würstchen
patr/iť (-ím) (+3) gehören (jmd.)
patr/iť (-ím) (k +3) gehören (zu)
pekný schön
peniaze (m Mz) Geld
pero Kuli, Feder
pes (psi od.: psy) Hund
peši zu Fuß
piecť (pečiem) (+4) backen
pí/sať (-šem) (+3 +4) schreiben (jmd. etw.)
pi/ť (-jem) (+4) trinken
pivo Bier
pla/kať (-čem) weinen
plán Plan
plán/ovať (-ujem) (+4) planen
plat Lohn, Gehalt
plat/iť (-ím) zahlen; gelten
platný gültig
pláv/ať (-am) schwimmen
plavky (Mz) Badehose
plný voll; satt
plyn Gas
po (+6) nach (zeitlich)
po (+6/+4) entlang
pobozk/ať (-ám) (+4 (v) küssen
pobrežie Strand, Küste
pobyt Aufenthalt
pocit Gefühl
počas (+2) während
počasie Wetter
praču/ť (-jem) (+4) hören
počúva/ť (-m) (+4) zuhören
pod (+7/+4) unter
podchod Unterführung
pohár (-e) Glas
pohodlný bequem
pohostinnosť Gastfreundschaft
poistenie Versicherung
pokazený kaputt
poklad/ňa (-ne) Kasse
pol (+2) halb
pole Feld
polícia Polizei
politika Politik
polovica (+2) Hälfte
polož/iť (-ím) (+4) (v) legen
poludnie Mittag
poľ/ovať (-ujem) jagen
pomaly langsam
pomoc (w) Hilfe
pom/ôcť (-ôžem, P -ohol) (+3) (v) helfen (jmd.)
pomýli/ť sa (-m sa) (v) sich irren
ponáhľa/ť sa (-m sa) sich beeilen
ponúka/ť (-m) (+3 +4) anbieten (jmd. etw.)
poplat/ok (-ky) Gebühr
popolník Aschenbecher
popoludnie Nachmittag
poriadok Ordnung
poschodie Stockwerk
po/slať (-šlem) (+3 +4) etw. schicken
posledný letzter
postav/iť (-ím) (+4) (v) stellen
poste/ľ (-le) (w) Bett
pošta Post
pot/iť sa (-ím sa) schwitzen
potom später, dann
potom ako nachdem
potraviny (w Mz) Lebensmittel
potreb/ovať (-ujem) (+4) brauchen
potvrdenka Quittung
použi/ť (-jem) (+4) (v) gebrauchen
pov/edať (-iem, P -edal) (+3 +4) (v) sagen (jmd. etw.)
poviedka Geschichte (Erzählung)

pozdrav/iť sa (-ím sa) (+4) begrüßen (jmd.)
pozer/ať sa (-ám sa) (na +4) schauen (auf jmd.)
pozn/ať (-ám) kennen
pozor Vorsicht
pozvanie Einladung
pozýva/ť (-m) (+4 na +4) einladen (jmd. zu etw.)
požič/ať (-iam) (+3) (v) verleihen (an)
požičať si (od +2) (v) sich leihen (von)
prác/a (-e) Arbeit
prac/ovať (-ujem) arbeiten
pracovisko Arbeitsplatz
prať (periem) (+4) waschen (etw.)
pravda Wahrheit
právo Recht (gesetzl.)
pravý echt, wahr, richtig; rechter
prázdniny (w Mz) Ferien
prázdny leer
pre (+4) für (Personen)
prechádzka Spaziergang
preč weg
prečo warum
pred, predo (+7/+4) vor
predsa dennoch, doch, schließlich
predstavenie Vorstellung
predstav/iť (-ím) (+3 +4) (v) vorstellen (jmd. etw.)
predtým vorher
predtým ako/čo bevor
predvčerom vorgestern
prehr/ať (-ám) (+4) (v) verlieren (nicht gewinnen)
presne genau
presta/ť (-nem) (+4) (v) aufhören
prestávka Pause
prestup/ovať (-ujem) umsteigen
preto deshalb
pretože weil
preukaz Ausweis
prevoz Fähre
prezl/iecť sa (-ečiem sa) (v) sich umziehen
priate/ľ (-lia) Freund
priateľka Freundin
priateľský freundlich
priemysel Industrie
priezvisko Familienname
príjemný angenehm
príklad Beispiel
príkry steil
prikrývka (Bett-)Decke
príliš zu sehr
prin/iesť (-esiem) (+3 +4) (v) bringen (jmd. etw.)
priprav/iť (-ím) (+4) (v) vorbereiten
príroda Natur
prírodný natürlich (nicht künstlich)
prirodzene natürlich (selbstverständlich)
prí/sť (-dem, P prišiel) (v) kommen
priveľa (+2) zu viel
problém Problem
proti (+3) gegen
prš/ať (3. -í) regnen
prúd Strom (elektr.); Strömung
pust/iť (-ím) (+4) (los-, frei-, fallen) lassen; aufdrehen (Wasser)

R

rad Reihe
rád (rada) gern
Rakúsko Österreich
rakúsky österreichisch
Rakúšan (-ia) Österreicher
Rakúšanka Österreicherin
rande Verabredung
ráno Morgen; morgens

raňajky (w Mz) Frühstück
rastlina Pflanze
raz einmal
registr/ovať (-ujem) (+4) registrieren
rezerv/ovať (-ujem) (+3 +4) reservieren (jmd. etw.)
rieka Fluss
rob/iť (-ím) (+3 +4) machen, tun
ročný jährlich
rodičia (Mz) Eltern
rodina Familie
roh Ecke
rok Jahr
rovno geradeaus
rozbitý zerbrochen
rozčúlený aufgeregt
rozčúli/ť sa (-m sa) (v) sich aufregen
rozdel/iť (-ím) (v) verteilen
rozhovor Gespräch
rozum/ieť (-iem, 3. Mz -ejú) (+3) verstehen (jmd.)
ruina Ruine
ruka Arm; Hand
rúra Schlauch
ruš/iť (-ím) (+3 +7) stören (jmd. mit etw.)
ruž/a (-e) Rose
ryba Fisch

S

s (+7) mit
sa sich
sadn/úť si (-em si) (na +4) (v) sich setzen (auf)
sám (sama) allein
samoobsluha Selbstbedienung
samozrejme selbstverständlich
sanitka Rettungswagen
sed/ieť (-ím) (na +6) sitzen (auf)
sem hierher
sever Norden
si sich
sila Kraft, Stärke
silný stark
situácia Situation
sklo Glas (Material)
skôr eher, früher
skoro früh, fast, bald
skupina Gruppe
skúsenos/ť (-ti) (w) Erfahrung
skúsi/ť (-m) (+4) versuchen
skutočnos/ť (-ti) (w) Wirklichkeit
skutočný wirklich
slabý schwach
sladký süß (Geschmack)
slaný salzig
slávnos/ť (-ti) (w) Feier
slávny berühmt
slnko Sonne
sloboda Freiheit
slobodný frei; ledig
Slová/k (-ci) Slowake
Slovenka Slowakin
Slovensko Slowakei
slovenský slowakisch
slovo Wort
slušný höflich
sľúbi/ť (-m) (+3 +4) (v) versprechen (jmd. etw.)
smädný (byť) durstig (sein)
smer Richtung
sm/iať sa (-ejem sa) (+3) lachen, auslachen (jmd.)
smie/ť (-m) dürfen
smrť (w) Tod
smutný traurig
snaž/iť sa (-ím sa) sich bemühen
sneh Schnee
so (+7) mit
socialistický sozialistisch
soľ (w) Salz
sp/ať (-ím) schlafen
späť zurück
spokojný zufrieden
spolu zusammen
správa Nachricht

správny richtig, korrekt
sprcha Dusche
sprevádza/ť (-m) (+4) begleiten
spýta/ť sa (-m sa) (+2 +4) (v) fragen (jmd. etw.)
sranda Spaß
srdce Herz
srdečne herzlich
stač/iť (3. -í) (+3) genug sein, ausreichen (jmd.)
stan Zelt
stanic/a (-e) Bahnhof
starý alt
st/áť (-ojím) stehen
st/áť (3. -ojí) kosten (Preis)
sta/ť sa (-nem sa) (+7) (v) werden (zu)
stena Wand
stihn/úť (-em) (+4) erreichen (z. B. Zug), schaffen (etw.)
stolička Stuhl
stop/ovať (-ujem) trampen
st/ôl (-oly) Tisch
strach Angst
strana Seite; Partei
strat/iť (-ím) (v) verlieren
stred Mitte
stretn/úť (-em) (+4) (v) begegnen
stretnutie Verabredung (Treffen)
stretn/úť sa (-em sa) (s +7) (v) sich treffen (mit)
stroj (-e) Maschine
strom Baum
studený kalt (Speisen)
stupídny blöd
sťaž/ovať sa (-ujem sa) (+3 +4) sich beschweren (bei jmd. über)
suchý trocken
súdruh (-ovia) Genosse
súkromný privat
suma Summe
surový roh
sused (-ia) Nachbar
svadba Hochzeit
svet Welt
svetlo Licht
svetlý hell
sviat/ok (-ky) Feiertag
sympatický sympathisch

Š

šálka Tasse
šat/ňa (-ne) Garderobe
šaty (w Mz) Kleidung
šek Scheck
šetr/iť (-ím) (+4) sparen
šikovný klug
široký breit
ši/ť (-jem) (+4) nähen
škaredý hässlich
škola Schule
špeciálny speziell
špinavý schmutzig
študent (-i) Student
študentský preukaz Studentenausweis
šťastie Glück
šťastný (byť) glücklich (sein)
Švajčiar (-i) Schweizer
Švajčiarsko Schweiz
švajčiarsky schweizerisch

T

tabak Tabak
tabletka Tablette
tadiaľ(to) in diese Richtung
tak also, so
takmer fast
taký solcher
takže also
tam dort, dorthin
tanc/ovať (-ujem) tanzen
tank/ovať (-ujem) tanken
taška Tasche
tehotná schwanger
telefón Telefon
televízor Fernsehgerät

tenký dünn
teplo Hitze
teplý warm (Speisen)
teraz jetzt
teš/iť sa (-ím sa) (na +4) sich freuen (auf)
ticho Ruhe
tichý ruhig
tie/ň (-ne) (w) Schatten
tiež auch
tlstý dick
tmavý dunkel
to das
toaletný papier Toilettenpapier
topánka Schuh
totiž nämlich
továr/eň (-ne) (w) Fabrik
traf/iť (-ím) (+4) (v) hinfinden, den Weg finden, treffen (ein Ziel)
treba es ist notwendig, man muss
trest Strafe
trh Markt
trieda Klasse
trošku (+2) ein bisschen
trvať (3. trvá) dauern
tu hier
turistika Wanderung
tvár (-e) (w) Gesicht
tvrdý hart
tým damit (mit dem)
týždeň Woche

Ť

ťah/ať (-ám) (+4) ziehen
ťažký schwer

U

u (+2) bei
ubytovanie Unterkunft
účet Rechnung
uč/iť (-ím) (+4) unterrichten, lehren
uč/iť sa (ím sa) (+4) lernen
údolie Tal
uká/zať (-žem) (+3 +4) (v) zeigen
ulic/a (-e) Straße
umenie Kunst
umrie/ť (-m) (v) sterben
umýva/ť (-m) (+4) waschen (etw.)
unavený müde
univerzita Universität
úrad Amt
úraz Verletzung
uraz/iť (-ím) (+4) (v) beleidigen (jmd.)
usilovný fleißig
usmieva/ť sa (-m sa) lächeln
úspech Erfolg
ústav Institut
úzky eng
už schon

V

v (+4) an, in (zeitl.)
v (+6) in (örtl.)
vad/iť (3. -í) (+3) stören (jmd.)
var/iť (-ím) (+3 +4) kochen (jmd. etw.)
včas rechtzeitig
včera gestern
vec (-i) (w) Ding, Sache
večer (-e) Abend; abends
ved/ieť (viem, 3. Mz -ia, P -el) wissen, können
vedľa (+2) neben, daneben
veľa (+2) viel
veľkos/ť (-ti) (w) Größe
veľký groß
veľmi sehr
veľvyslanectvo Botschaft (dipl.)
ver/iť (-ím) (+3 +4) etw. glauben
veselý fröhlich
vetrovka (Wind-)Jacke
vež/a (-e) Turm
vchod (do +2) Eingang (in)

viac mehr
vid/ieť (-ím, P -el) (+4) sehen
vie/sť (vediem, P -dol) (+4) führen (jmd.)
vietor Wind
vina Schuld
vinný schuldig
vláda Regierung
vlak Zug
vnútri drinnen
voda Wasser
vojna Krieg
vol/ať (-ám) (+4) rufen (jmd.)
vol/ať sa (-ám sa) heißen
vôbec überhaupt
vráti/ť (-m) (+3 +4) zurückgeben (jmd. etw.)
vráti/ť sa (-m sa) zurückkommen
vrátnica Pforte
vrátni/k (-ci) Pförtner
vrav/ieť (-ím) (+4) erwähnen (etw.)
vreckovka Taschentuch
vsta/ť (-nem) aufstehen
vstupenka Eintrittskarte
vstup/ovať (-ujem) (do +2) eintreten (in)
všade überall
však jedoch, doch
však? nicht wahr?
všetci (Mz) alle (Leute)
všetko alles
všimn/úť si (-em si) (+4) (v) bemerken (etw.)
vtá/k (-ci) Vogel
vtedy dann; damals
vyb/rať (-eriem) (+4) (v) wählen(etw./jmd.)
východ (z +2) Ausgang (aus); Osten
vyd/ať (-ám) (+3 +4) (v) ausgeben (jmd. etw.)
vyd/ať sa (-ám sa) (za +4) (v) heiraten (jmd.) (nur Frauen)
vyhov/ovať (3. -uje) (+3) recht sein, passen (jmd.)
vyhr/ať (-ám) (+4) (v) gewinnen
výlet Ausflug
vymen/iť (-ím) (+4) (v) (aus)wechseln, umtauschen
vypredané ausverkauft
vysoký hoch
výstava Austellung
vystup/ovať (-ujem) (z +2) aussteigen (aus)
vysvetl/iť (-ím) (+3 +4) erklären (jmd. etw.)
vyzer/ať (-ám) aussehen
vyzl/iecť sa (-ečiem sa) sich ausziehen
vzadu hinten
vziať (vezmem) (+4) (v) nehmen
vziať (vezmem) so sebou (v) mitnehmen
vždy immer

Z

z (+2) aus
za (+4) in (zeitl.)
za (+7/+4) hinter
zabal/iť (-ím) (+4) (v) einpacken
zábava Vergnügen
zabi/ť (-jem) (+4) (v) töten
zablúdi/ť (-m) (v) sich verirren (verlaufen)
zabudn/úť (-em) (+4) (v) vergessen
záchod Toilette
zachráni/ť (-m) (+4) retten
začína/ť (-m) (+4) anfangen
zadarmo umsonst, kostenlos
záhrada Garten
zahraničie Ausland
zahraničný ausländisch
zahrnutý inbegriffen
zajtra morgen

zakázaný verboten
zákon Gesetz
zaľúbi/ť sa (-m sa) (do +2) (v) sich verlieben (in)
zám/ok (-ky) Schloss
západ Westen
zapí/sať (-šem) (u +2) (v) sich anmelden (bei)
zaplat/iť (-ím) (+4) (v) bezahlen
zarob/iť (ím) (+4) (v) verdienen
zase wieder
zastav/iť (-ím) (v) anhalten
zastávka Haltestelle
zatvorené geschlossen
záuj/em (-my) Interesse
zaujímavý interessant
zavol/ať (-ám) (+3) (v) anrufen (jmd.)
zázrak Wunder
zbiera/ť (-m) (+4) sammeln
zbytočný umsonst, vergebens
zdravie Gesundheit
zdrav/iť (-ím) (+4) (v) grüßen (jmd.)
zdravý gesund
zdroj (-e) Quelle
zdvihn/úť (-em) (+4) (v) heben
zelenina Gemüse
zem (w) Boden, Land, Erde
zima Winter; Kälte
zlý (zlá, zlé) schlecht
zľava Ermäßigung
zmen/iť (-ím) (+4) (v) verändern
zmrzlina (Speise-)Eis
známy bekannt; Bekannter
znič/iť (-ím) (+4) (v) zerstören
zo (+2) aus, während (Präposition)
zob/rať (-eriem) (+4) (v) nehmen
zobud/iť sa (-ím sa) (v) aufwachen
zopak/ovať (-ujem) (+4) (v) wiederholen
zosta/ť (-nem) (s +7) (v) bleiben (bei)
zoznámi/ť sa (-m sa) (v) sich bekannt machen
zranenie Verletzung
zranený verletzt
zrazu plötzlich
zrelý reif
zriedka selten
zrkadlo Spiegel
zub Zahn
zubár (-i) Zahnarzt
zubná kefka Zahnbürste
zubná pasta Zahnpasta
zúrivý wütend
zvedavý neugierig
zviera (-tá) (s) Tier
zvyk Gewohnheit
zvykn/úť si (-em si) na (+4) sich gewöhnen an (etw.)
zvyknutý (na to) gewöhnt sein (daran)
žel/ať (-ám) (+3 +4) wünschen (jmd. etw.)
železnica Eisenbahn
žem/ľa (-le) Brötchen, Semmel
ži/ť (-jem) leben
život Leben

Der Autor

John Nolan, Jahrgang 1968.

Ich wurde in Pennsylvania, USA, geboren. Deutsch lernte ich erst in der Schule und dann während meines Studiums in Freiburg, Baden-Württemberg. Schon immer habe ich mich für Sprachen und Sprachwissenschaft interessiert.

In der Slowakei „landete" ich im Sommer 1990, als ich im Rahmen eines Sommerkurses in einer Hütte in der Mittelslowakei Englisch unterrichtete. Nicht nur die schöne Landschaft, sondern auch die Aufgeschlossenheit und die Gastfreundschaft der Leute haben mich sehr beeindruckt. Ich habe 4 Jahre in Bratislava als Englischlehrer gearbeitet und lebe zur Zeit wieder in den USA, in Kalifornien.